犯罪捜査の心理学

プロファイリングで犯人に迫る

越智啓太

DOJIN文庫

まえがき

本書ではみなさんに「犯罪捜査の心理学」について紹介してみたいと思います。犯罪捜査の心理学とは心理学の知識を犯罪捜査に応用して、犯人の検挙や犯罪の防止に役立てていこうという研究分野です。犯罪捜査の心理学のなかにもいろいろな研究テーマがあるのですが、本書では「プロファイリング」といわれている分野の研究について重点的に扱ってみました。

プロファイリングとは犯罪現場の特徴などから犯人がどのような人物かを推定したり、連続犯罪の発生パターンを分析することによって、犯人の居住地や次の犯罪場所を推定する技術です。この分野は最近、テレビや映画などでもしばしば登場していますので、本書を手にとるようなみなさんには、すでにおなじみの言葉かもしれません。

テレビや映画で描かれるプロファイリングは、派手でかっこよく、犯人の特徴を間違いなく言いあてることができますが、現実のプロファイリングやプロファイリング研究は、残念ながらテレビのようにかっこよいものでも、犯人を確実に言いあてられるものでもありません。むしろ、地味で着実な研究によってつくられている知識体系です。しかし、犯罪者の行動を分析し予測していくというのは、学問としては非常に興味深い研究テーマであることには間違いありません。そこで、本書では現実のプロファイリング研究について、できるだけ最新の研究までを焦点に入れて紹介したいと思っています。

本書は全5章で構成されています。第1章ではアメリカ連邦捜査局（FBI）で開発されたプロファイリング技法について解説します。そもそも、プロファイリングという技術はFBIが連続殺人事件を解決するために開発した技術ですので、はじめにその技術の起源や考え方などについて紹介したいと思います。第2章では現在のプロファイリング研究の主要な方法論になっている「リヴァプール方式」のプロファイリングについて紹介します。犯人の行動パターンの分析、犯罪パターンと犯人の属性との関係、複数の犯罪が同一犯人によって行われたのかを推定する「リンク分析」についてお話ししたいと思います。第3章では「地理的プロファイリング」について述べます。これは連続犯行発生の地理的パターンから犯人の居住地や次の犯行地域を予測するための研究です。第4章では犯人の危険性を推定する研究について、ストーカーと人質立てこもり事件を中心に論じます。第5章では犯人の動機を推定する研究について、大量殺人事件の例をあげながら論じます。また、この章では犯人の行動に関する研究成果をもとに防犯対策についても考えてみたいと思います。補章では、本書の初版が出てから今日までの、プロファイリング研究の最前線について説明します。

また、本書では各章のおわりにコラムをもうけて、いろいろな映画を題材にして犯罪捜査の心理学について具体的に説明しています。映画はフィクションではありますが、この学問を学ぶにはかっこうの教材となるのも確かだからです。もちろん、映画の見方としてはかなり邪道だと思いますが。

では余計な前振りはこのくらいにして、さっそく本題に入るとしましょう。

犯罪捜査の心理学　目次

第1章

ＦＢＩによるプロファイリングプロジェクト

一　被害者―加害者間関係のない事件

殺人事件の多くは「金か愛」のトラブルから

新聞やテレビを見ていると毎日のように殺人事件が報道されています。それぞれの事件の背景にはさまざまな人間関係が隠されていて複雑です。ところが、事件ごとの個別の事情はさておき、事件の共通性に目を向けてみると、意外と単純な構造が見えてきます。たとえば、世の中の殺人事件のかなりの部分は「金か愛」のトラブルが原因で起きたものです。

そのため、殺人事件の捜査は、被害者とのあいだに金銭上のトラブルがある人か、恋愛関係のトラブルがある人を捜し出すことが中心となります。被害者の日記や手帳、携帯のメールや通話記録、知人の証言や職場や学校での人間関係などを手がかりにトラブルの相手を探っていくのです。このような捜査をしていくと、ほとんどのケースでは、一人か二人の怪しい人物が浮かんできます。そして、結局はその人物が犯人であるということが多いのです。ですから、たとえ殺人事件といえども、日々起こっている事件の多くは、それほど問題なく犯人が検挙されているのが現状です。

「金か愛」でない事件

ところが、被害者と加害者に金銭関係や恋愛関係などのない事件が存在します。被害者―加害者間関係（victim-offender relationships）のない殺人事件です（「ストレンジャー殺人」ともいいます）。たとえば、犯人がゆきずりの人を殺害した場合や、その日に知り合ったばかりの人を殺害した場合、強盗犯人がたまたま見かけた金のありそうな家に押し入って家人を殺害したような場合がこのような事件にあたります。また、最近話題になった事件では、犯人の側が一方的に被害者に思いを寄せていたり、恨んだりしており、被害者はそのことを知らないという「ストーカー型」の事件もこれに入るでしょう。

このような事件では、捜査は前者の場合にくらべて格段に難しくなります。なぜなら、伝統的な捜査手法である「金か愛」の関係を洗っていくという捜査手法では犯人にたどり着くことができないからです。この場合、犯罪捜査は、近くに住む同種の犯罪を行った前歴者からの捜査や、犯罪現場に残された遺留品からの捜査ということになりますが、犯人が初犯だった場合やその近くに住んでいなかった場合などは、前歴者としてピックアップされないことになります。また、犯罪現場に遺留品があっても、大量生産品ばかりのこの世の中では、犯人を絞り込むことは困難です。たとえば、「凶器の包丁は、関東地方のスーパーマーケットでこの一ヵ月間に一八〇本ほど販売されたもののひとつだ」ということがわかっても、その包丁を購入した人を全員リストアップすることは不可能です。

テレビドラマなどでは犯人は指紋が残らないように注意を払います。しかし、指紋がその力を発揮するのは、犯人が以前になにかの罪で警察に検挙され指紋が登録されていた場合や、容疑者として犯人が浮かんできた場合です。もし、犯人に前歴がなかった場合には、たとえ指紋が現場に遺留されていても、それ自体から犯人に直接たどり着くわけではないのです。じつは未解決の重要事件のなかにはこのようなタイプの事件が多く含まれています。

連続殺人事件とはなにか

さて、被害者―加害者間関係のない事件のなかで、もっともやっかいな事件としてあげられるのは、「連続殺人（serial murder）」といわれるタイプの殺人事件です。

最初にまず、専門用語として、連続殺人を定義しておきましょう。連続殺人というのは、一人の犯人が複数の人を殺害するタイプの事件です。一回の事件で殺害する人物は一～二名程度がふつうで、その後、一定の期間が経ってから、ふたたび同様の殺人事件をくり返すというパターンをとります。この一定の期間のことを「冷却期間」と呼ぶこともあります。

これと対になる概念として「大量殺人（mass murder）」があります。これは一度にひとつの場所で大量の人を殺傷する事件のことをさします。アメリカで時どき起こる学校内での銃乱射事件がこのタイプの事件です。連続殺人と大量殺人は、どちらも複数の人が殺されるという事件ですが、犯人の動機もその犯人像も大きく異なっていることが知られています。大量殺人は第5章でくわしく分析しますので、ここでは連続殺人について見ましょう。

連続殺人の特徴

連続殺人事件のなかには「殺人」それ自体を目的として行われるものがあります。つまり、なにかの目的のためというよりは、殺人がしたいために殺人をするのです。ただ「人を殺したい」という動機で殺人を行う場合、知人を殺害する必要はありません。任意に選んだ対象を殺害すればよいわけです。そのため、被害者—加害者間関係がない殺人事件が生じるのです。

この種の殺人事件は、奇妙な様相を呈する場合が多いことが知られています。たとえば、「長い黒髪を真ん中から分けている」「小学校低学年の女の子」などの特徴をもった被害者が、選択的に狙われたりするのです。じつはこのような殺人欲求は性欲と密接に関係しているため、被害者が犯人の「好みのタイプ」になる場合が多いのです。連続殺人の犯人の多くは男性なので、結果として「あるタイプの女性や子どもがある地域で連続して殺害される」という犯行パターンが形成されることになってしまいます。

このようなタイプの事件が発生すると地域住民はパニックとなります。たとえば、子どもに対する殺人事件が発生するとその付近の地域の公園からは子どもがいなくなってしまいます。また、長い黒髪の女性ばかり殺される事件が生じると、長い黒髪の女性は外出できなくなってしまいます。しかも、犯人は捕まりにくいわけですから、このような日々が長いあいだ続いてしまうのです。

このような事件をどのように捜査し、どのように解決していけばよいのでしょうか。「プロファイリング（profiling）」といわれる研究分野はこの問題からスタートしました。

二　ＦＢＩのプロファイリング研究

ＦＢＩのプロファイリング研究プロジェクト

アメリカでは、一九六〇年代後半から連続殺人事件が目につき始めました。もちろん警察の捜査の基本はアメリカでも「金か愛」でしたから、それにあてはまらない連続殺人事件の犯人を見つけて逮捕するのはなかなか困難でした。そこで、アメリカ連邦捜査局（ＦＢＩ：Federal Bureau of Investigation）は、この種の犯罪を解決するための研究プロジェクトを発足させたのです。これがのちに「プロファイリング」として、知られることになる捜査手法の開発のきっかけでした。

さて、ＦＢＩはどのように研究を進めたのでしょう。日本でもそうですが、アメリカでも、猟奇的な事件や連続殺人事件が発生するとテレビに「犯罪心理学者」が現れ、その事件の推理を行います。このような番組や解説をご覧になったことのある方も多いでしょう。でも、これらの解説者の言っていることは人によって大きく異なったり、毎回毎回意見が異なっていたりするのも事実です。犯人を予測していてもまったく外れていることも少なくありません。また事件後に、犯人がなぜそのような行動をとったのかについて解説が行われることもありますが、その解説もあとでとってつけたような、だれでも考えつきそうなものであることも多いのです。この種の学者を集めて犯人像推定を行うことができるのでしょうか。実際にこのような試みは何度か行われたことはあります。しかし、結果的にはまったくうまくいきませんでした。

これから説明するＦＢＩのプロジェクトはある程度の成功を収めたと評価されていますが、その成功の鍵は、このような方法をとらなかったことにあったと思われます。

FBIプロジェクトの方法論

では、ＦＢＩはどのような方法で連続殺人という現象を研究したのでしょうか。彼らは科学的にはきわめてスタンダードな方法論をとったのです。つまり、一人、一人の犯人の「心の闇」について想像を膨らませるのではなく、科学者としての冷静さをもって多くの連続殺人事件のデータを収集しデータベース化したのです。彼らは、当時アメリカですでに逮捕されていた連続殺人者、そして被害者―加害者間関係のない性的殺人を行った犯人三六名について、細かなデータを収集しました。

このデータの収集は、犯罪現場に関する情報と犯人の属性（特徴）に関する情報それぞれについて行われました。犯罪現場についての情報としては、現場は散らかっていたか、犯人はその場所にあった凶器を使ったか、それとも凶器はあらかじめ用意してきたか、被害者と会話してから殺したか、それともいきなり襲ったか、被害者の体を嚙んだか、嚙んだのならどの場所を嚙んだか、被害者の着衣はどのような状態だったか、などの情報が含まれました。犯人の属性に関する情報としては、年齢や職業、生育地、過去五年間に住んでいた州、学歴、病歴、結婚しているかどうか、乗っている車はどのようなタイプであるか、髪の毛の長さや髪型といった事柄が含まれました。資料収集は、一八〇以上の項目にわたってかなり詳細に行われました。

この収集は、捜査資料などの客観的な資料をもとに行われましたが、それだけでなく実際に犯人に会いに行って面接を行い、彼らの行動や考え方、生育歴などを明らかにするという形もとられました。これは、捜査や裁判の過程では彼らの本心が語られているとは限らなかったからです。また、人を殺したときの欲求や感情、行動などについて、

表1-1　秩序型と無秩序型の犯罪現場の特徴

秩序型	無秩序型
計画的な犯行	成り行き的な犯行
面識のない人を狙う	面識のある人を狙う
被害者を非人間化しない	被害者を非人間化する
被害者と意図的な会話を行う	被害者と会話しない
犯罪現場はきれい	犯罪現場は乱雑で汚れている
被害者に服従を要求する	いきなり攻撃する
拘束具を使用する	拘束具は使用しない
殺害前にレイプする	殺害後に性的な行為を行う
遺体を隠蔽する	遺体を隠さない
凶器や証拠は現場に残さない	現場に凶器や証拠を残す
被害者や遺体を移動する	遺体は殺害現場に残す

FBI Law Enforcement Bulletin, 54, 18-25, Table. 1をもとに作成。

直接、本人の口から情報収集することも必要だと考えられたからです。

連続殺人の二つのタイプ

さてFBIのプロジェクトを通じて判明してきたことのひとつは、一見多様な犯行パターンを見せる連続殺人であっても、犯人の行動は大きく二つのタイプに分けることができるということでした。それは「Organized タイプ」と「Disorganized タイプ」と名付けられました（実際には、この二つのカテゴリーでは説明できないMixed タイプも想定されました）。このタイプ名は日本語の書籍では「秩序型」と「無秩序型」と訳されることが多いので、本書でもその言葉を使用することにします。これらのタイプの犯罪現場の特徴を表1-1に示します。秩序型は、犯行が計画的で、言語的に被害者を誘導し、殺害し、死体や証拠は隠蔽するというもので、全体的に統制がとれ「秩序」だっています。これに対して無秩序型は、成り行き的で、いきなり攻撃し、現場は乱雑で汚く、死体や証拠が現場に残っているという「無秩序」な様子を示しています。

次にFBIは、犯人も大きく二つのタイプに分けられるということに気がつきました。第一のタイプは、知的水準が高く、社会性があり、熟練を要する職業に就いているなどの特徴をもつ人びとで、第二のタイプは知的水準が低く、社会的にも未熟で、孤立しており、熟練を要さない職業に就いているなどの特徴をもつタイプです。

さてFBIが、連続殺人の現場が二つのタイプに分類可能であるということと、犯人も二つのタイプに分けられるということを明らかにしただけでしたら、それは学問的には興味深いものかもしれませんが、それほど実用的な技術とはならなかったかもしれません。重要なのは、犯罪現場のタイプ分けと、犯人のタイプ分けが関連していることを明らかにした点です。具体的には、「秩序型」の犯罪現場なら前者のタイプの犯人によって、「無秩序型」の犯罪現場なら後者のタイプの犯人によって引き起こされたということを示したのです。そこで、犯人のタイプも犯罪現場と同様に秩序型と無秩序型と呼ぶことにしました（表1‐2）。

これは画期的な発見でした。なぜなら、連続殺人事件があった場合、犯罪現場を観察

表1-2　秩序型と無秩序型の犯人の属性

秩序型	無秩序型
知的水準は平均的かそれ以上	知的水準は平均以下
社会性あり	社会性未熟
外見はしっかりしている	外見はだらしがない
熟練を要する職業に就いている	非熟練的（単純作業など）職業に就いている
性的能力は正常	性的能力がない
兄弟の中では年長	兄弟の中では年少
父親は安定した職業に就いている	父親は安定した職業に就いていない
子どものころのしつけは一貫性がなかった	子どものころのしつけは厳しかった
犯行中感情をコントロールしている	犯行中感情が不安定
犯行時には飲酒している	犯行時飲酒することはほとんどない
薬物を乱用していることは少ない	薬物を乱用していることがある
人格障害である	精神疾患がある
状況的なストレスに陥る	状況的なストレスは少ない
結婚している（パートナーと暮らしている）	1人で生活している
整備された車をもつ	現場の近くに住むか勤めている
行動範囲は広い	行動範囲は狭い
マスコミの事件報道に注目している	マスコミにはほとんど無関心
事件後転居したり、転職する	事件後重大な行動変化がある（薬物、アルコール、宗教的行動）

FBI Law Enforcement Bulletin, 54, 18-25 Table. 2 などを元に作成。

して、それが「秩序型」「無秩序型」のどちらであるかを判断すれば、犯人がどのようなタイプであるかを推測できるからです。いままではまったく見当もつかなかった連続殺人の犯人像について、ある程度目安がつくようになったのです。ＦＢＩがプロファイリングとして確立した技術の中心はこの知識によるものです。

ですからＦＢＩがプロファイリングで行っていることは、それほど神秘的なものではないのです。基本的には、事件の状況を元にして、それが秩序型の犯罪現場なのか、それとも無秩序型の犯罪現場なのかを推測して、それがわかれば、それぞれのタイプの特性をあてはめればよいからです。

「サクラメントの吸血鬼」

ＦＢＩのスタッフがプロファイリングしたケースでもっとも著名で、よく取り上げられるのは、「サクラメントの吸血鬼」と呼ばれたリチャード・チェイス（Richard Chase）に対するロバート・レスラー（Robert Ressler）のプロファイリングです。この事件とプロファイリングについて見てみましょう。

●サクラメントの吸血鬼事件●

一九七七年一二月から翌年一月にかけて、カリフォルニア州サクラメントで六名が連続して殺害される事件が発生した。まず、一九七七年一二月二九日に、電気技師のアンブローズ・グリフィン（Ambrose Griffin）がライフルで射殺された。その日のうちに、近所の一二歳の少年が撃たれる事件も発生した。この事件では幸いなことに弾は少年にあたらなかった。翌年一月二三日に、その現場近くで主婦のテリーザ・ウォリン（Teresa Wallin）が殺害された。彼女は自宅のベッドの上で、死体で発見された。彼女は拳銃で頭を四発撃たれたうえに、その家のナイフで胸を切り裂かれて死亡していた。遺体は廊下をひきずってベッドルームに運ばれ、家の中にはゴミがまき散らされていた。さらに付近には、血の入ったヨーグルトのカップが存在し、カップには血を飲んだ形跡があった。一月二七日にはウォリンの近所に住む、エベリン・マイロス（Evelyn Miroth）の家で同様の殺人事件が発生した。この事件では、エベリン以外にも、彼女を訪ねてきた友人の男性、五歳の子どもが殺されており、二歳の子どもは連れ去られていた（のちに遺体で発見された）。男性と五歳の子どもは至近距離から頭を銃で撃たれ、エベリンも頭を撃たれて死んでいたが、テリーザと同様に、胸から骨盤まで裂かれて内臓が取り出されており、家の中は散らかっていた。やはりバケツで血を集めて飲んだ形跡があった。

「サクラメントの吸血鬼」のプロファイリング

この事件に対して、当時FBIの行動科学課につとめていたレスラーは、以下のようなプロファイリングレポートを出しました。

「犯人は、白人男性二七歳。栄養不良で痩せている。住まいはひどく散らばっていて、むさ苦しい。犯罪の物的証拠は、その住まいから発見される。精神病の既往歴があり、薬物濫用の過去もある。同性とも異性とも交際がなく、単独で行動する。おそらくほとんどの時間を自宅で過ごし、生活保護を受けている。だれかと同居しているなら両親だが、その可能性は薄い。軍隊に入った経験もなし。ひとつないし二つ以上の精神病に罹患している。現場から一・五キロメートル以内に居住、近所をよく知っている。外見は奇異で、だらしがない」

犯人が捕まってみると、その人物像は、このプロファイリングとほぼ一致していました。

なぜ、犯罪状況から、こんなに詳細な犯人像を描くことができるのでしょうか。一見名人芸で凡人のなしえないことのように思われるかもしれませんが、じつはそうではありません。この事件を見てみると、犯罪現場の特徴のなかには「現場に凶器や証拠を残す」「遺体を隠さない」「犯罪現場は乱雑で汚れている」などの特徴があることがわかります。これは、表1-1を見てもらうと明らかなのですが、秩序型でなく、無秩序型の犯罪現場です。そうであれば、犯人像は先のリストの無秩序型のものをそのままもってくればよいことになるわけです。レスラーが行ったプロファイリングの多くの項目は、表1-2の無秩序型の特徴をあげたものに過ぎないのです。

また、この事件について、サクラメントの保安官から相談を受けた元行動科学課の捜査官ヴォーファーゲル（R. Vorpagel）も事件資料を見て、ほぼ同様の犯人像を思い浮かべたことを自書で述べています。じつはここが重要なところです。もし、プロファイリングが特別の知識と才能のある一部の名人にしかできないことであれば、それは単なる名人芸であって、科学ではないことになります。ところが一定の学習をし、一定の経験と訓練を積んでいれば、だれでも同じ結論に達するわけです。

ただし、レスラーのプロファイリングには、単に無秩序型のリストをあげただけでなく、いくつかの要素が付け加えられていることに注目する必要があります。たとえば「犯人は痩せている」といった情報は無秩序型のリストには含まれていません。この推定に関しては、血液を飲むというタイプの犯人は重度の妄想型の精神疾患にかかっている場合が多く、その場合ほかの食物をとらないことが多いので痩せていることが多い、という精神医学的な知識を使用して補っています。また、犯人は二七歳という推論（これはのちにほぼぴったりとあたっていたことがわかりました）は、妄想のために人を殺すなどの行動をとるような犯人で、現在精神科に入院していたり施設に収容されたりしておらず、かつ妄想が殺人にまで至るような活発なものであるとすると、だいたい二〇代後半であろうといった、やはり、精神医学的な知識を加味して判断しています（ただし、現在の知識から見ると、これらの推論は必ずしも適切であるとは言えません）。

犯人の行動の一貫性

さて、プロファイリング技術の基礎となる考え方は、連続殺人犯人は一貫した行動形態を示すという考え方です。秩序型の殺人犯人は、いつも秩序型の行動をとり、無秩序型の殺人犯人はいつも無秩序型の行動をとるからこそ、犯罪現場から犯人の属性が推測できるのです。犯人が気まぐれな行動をとると、プロファイリングはできないことになります。また、本当は秩序型の属性をもっている犯人が、警察を欺くためにわざと無秩序型の犯行パターンを演出してしまえば、やはりプロファイリングはできなくなります。

プロファイリングに批判的な研究者のなかには、このような点を指摘する者もいます。「犯人の行動は一貫しない」というのです。事実、連続殺人犯人の代表格であるテッド・バンディ（Ted Bundy）は、その殺人経歴のなかのほとんどを秩序型の犯行パターンで行いましたが、初期の事件と、逮捕直前の事件は、どちらかといえば無秩序型の犯行形態を示していました。しかし、一般論から言えば、やはり、多くの連続殺人犯の行動は一貫しているといってもよいと思われます。これにはいくつかの理由があります。

第一の理由は、連続殺人犯人の行動は、自分の欲求（性欲であることが多いと考えられています）にしたがっていて、犯行はその欲求を映し出す一種の作品になっているからです。投影法テストのようなものです。また、犯行のひとつひとつは相当の労力を必要とし、危険性も大きいので、わざわざ、自分の欲求に合致しないような形態の犯罪を犯すようなことはしないのです。

第二の理由は、窃盗や強盗の犯人にも言えることですが、犯人は基本的には捕まることをもっとも恐れるために、わざわざ慣れていない手口は使用しないということです。新しい手口はそれだけリスクを伴うので、あるやり方でうまくいっている場合には、特別な理由がない限り変更しません。テッド・バンディも、中期は、身体障害者を装って女性をだまして拉致するという手口や、警察官を装って女性を車に乗せて拉致するという同じような手口をくり返していました（彼は、あまりにも同じ手口をくり返していたため有名になり、同じ手口では犯罪が行えなくなってしまいました）。

また、実証的な研究においても、これらの犯人の行動はかなり一貫しているということが示されています。たとえば、サルファティ（C. G. Salfati）とベータマン（A. L. Bateman）は、アメリカの二三名の連続殺人犯人の、最初の三つの殺人の犯罪現場の特性を比較していますが、その結果、彼らの犯行はほぼ一貫したパターンを示していることがわかりました。このようなことから考えて、プロファイリングの前提である犯人の行動の一貫性はある程度満たされていると言ってよいと思われます。

連続殺人以外の犯罪へのプロファイリング手法の応用

ＦＢＩは、プロファイリングの研究を連続殺人から始めましたが、その後、別種の犯罪に関してもこの種の方法論をとれないか、さまざまな試みを行ってきました。とりあげられたのは、放火、レイプ、子どもに対する性犯罪などの犯罪です。そのなかには比較的うまくいっているものもありますし、あまりうまくいっていないものもあります。

たとえば、放火についての研究を見てみましょう。放火についても、比較的初期から、プロファイリングの試みが行われてきました。放火も、被害者―加害者間関係がないことの多い犯罪であり、かつ地域社会を恐怖に陥れる重大犯罪であるからです。担当になったのは、ＦＢＩのアンソニー・ライダー（A. O. Rider）です。彼は、放火犯人に対するプロファイリングに取り組み、一九八〇年という比較的早い段階から研究成果を公表しています。しかし、彼のアプローチはあまりうまくいきませんでした。

彼は、心理学的な動機のある放火事件だけでなく、経済的な動機などにもとづいた放火や、復讐による放火なども含めて広い観点から研究を進めましたが、効果的な犯行のカテゴリー化や犯人のカテゴリー化の枠組みをつくることができませんでした。これはおそらく、計画的な強盗や経済的な理由にもとづく犯罪よりも、欲求や性格異常にもとづいた犯罪のほうが、ＦＢＩ方式のプロファイリングには適しているからだと思われます。実際、その後行われた子どもに対する性犯罪やレイプに関するプロファイリングは、比較的うまくいっています。これらの犯罪はいずれも犯人の欲求や性格が大きく関わった犯罪です。

＊アメリカ警察機関におけるプロファイリングの展開＊

ＦＢＩの開発したプロファイリングのシステムは、映画のなかで描かれているほどではないにしろ、アメリカではひとつの捜査手法として根づいてきています。ただし『羊たちの沈黙』などの映画で見られるように、プロファイリングの担当者が実際に犯人を突き止め、事件現場に専用ジェット機や軍の輸送機で行って犯人を逮捕するというようなことは行われていません。プロファイリング担当者の現実の仕事は、アメリカ全土から送られてくるさまざまな犯罪の資料をデスク上で分析し、可能性のありそうな犯人像をレポートとして送り返すことです。

さきに述べたように、ＦＢＩのプロファイリングの技術としての中心は、犯罪現場の資料から、犯人は秩序型か無秩序型かを判断することでした。すると、このレポートも二種類あればよいということになります。しかし、実際には、このような情報以外にも、さまざまな付随的な推論が加わっています。たとえば、先のチェイスの例では、精神疾患の犯人の特徴などについての情報が加わっていました。このような付随的な情報は必ずしも、プロファイリング研究自体から生み出されたものではありません。

ＦＢＩのプロファイリング技術がアメリカ警察の捜査場面に受け入れられたのは、「秩序型」「無秩序型」といった犯人像の推測以外にも、このような付随的な情報も含めた情報を提供したからだと思われます。アメリカの警察組織は日本と異なって地方ごと――州や郡、市、町ごと――に独立して運営されています。そのため、小さな警察署の管内で殺人事件が発生した場合、その警察に殺人事件を捜査した経験のある人がいないというケースも稀（まれ）ではありません。ましてや、残虐な連続殺人事件などが発生した場合、警察官はどのように捜査を行ってよいのかについて、見当がつかないということもあります。このような場合、この種の経験が豊富なＦＢＩのスタッフの分析や意見が聞けるということは、それなりに有益であり、受け入れやすかったのだと思われます。

実際問題として、ＦＢＩのプロファイリング技術はロサンゼルスやニューヨークなどの大都市部の警察よりは、地方の警察で利用されています。これは、大都市部の警察では、連続殺人に対して捜査経験がある人材がいるために、わざわざＦＢＩに助けを請わなくてもよいと考えているからでしょう。このように考えると、ＦＢＩのプロファイリング研究の最大の功績は犯罪捜査という、今までは経験のみで語られてきたものをはじめて科学的な研究の俎上にのせた点、そして、それを実際の犯罪捜査で利用できる体制を整えた点にあると思われます。

コラム　『羊たちの沈黙』と安楽椅子探偵レクター博士

プロファイリングという技術を世界中に広めたのは、ジョナサン・デミ監督、ジョディ・フォスター主演の映画『羊たちの沈黙（The Silence of the Lambs）』です。この映画では、FBI訓練生のクラリスがバッファロー・ビルという連続殺人犯人を捕まえるためのヒントを得るために、やはり連続殺人の犯人であり、著名な精神科医であるハンニバル・レクター博士を訪問してプロファイリングしてもらう、という話が描かれています。これは、FBIが連続殺人の研究をするときに実際に連続殺人犯人を訪問してインタビューを行ったという話を原作者のトマス・ハリスが聞いて、それにヒントを得て設定したのだと言われています。

『羊たちの沈黙』の原作は、推理小説のなかでもなかなか興味深いものです。なにしろこの小説の探偵役は連続殺人犯であるレクター博士で、彼は重警備のボルティモア犯罪者保安精神病院に収容されているのですから。推理小説用語には、「安楽椅子探偵（Armchair-Detective）」ものというのがあります。これは安楽椅子に座ったままで、人から事件に関する話を聞いて、それのみにもとづいた推理で事件の謎を解く探偵のことを指します。レクター博士は究極の安楽椅子探偵かもしれません。

安楽椅子探偵としては、最近ではジェフリー・ディーヴァーの『ボーン・コレクター（The Bone Collector）』で初登場する科学捜査官リンカーン・ライムなども有名です。この小説はデンゼル・ワシントン主演で映画化されています。ライム捜査官は、動くのは首から上と左手の薬指だけという四肢麻痺の、いつ植物状態になるかわからないような、安楽椅子どころか寝たきりの状態の探偵です。推理小説の世界はなかなか広いもので、このような寝たきり状態の安楽椅子探偵をさす「寝たきり探偵」（Bedside-Detective）という言葉まであります。

犯罪捜査のために別の事件の犯人の知恵を借りてプロファイリングを行うという設定は、『羊たちの沈黙』後、いろいろな映画に登場するようになりました。有名なところでは、『バックドラフト（Backdraft）』があります。この映画では、連続放火殺人犯人を捕まえるために、消防官が刑務所に収監中の放火魔に知恵を借りに行くシーンが描かれています。

第2章

プロファイリングの新たな展開——リヴァプール方式

一　犯罪行動の客観的な分析

前章で述べてきた犯人推定の方法論は、犯人の行動をカテゴリーに分類し、そのカテゴリーをもとにして、犯人の行動を推定していくというものでした。このカテゴリーの設定は、ＦＢＩの捜査官が連続殺人犯人のデータや資料を見ながら考えたものでした。このカテゴリー分類は当初はうまくいくように見えたのですが、実際にさまざまな事件を分析してみると、うまくあてはまらないケースもたくさん出てきてしまいました。その結果、ＦＢＩも秩序型と無秩序型にあてはまらない「混合型」というタイプを設定せざるを得なかったのです。もし、犯人が混合型の場合、犯人像もなかなか絞り込むのが難しくなり、結局のところ、捜査官の長年の経験によって犯人像を推定するしかなくなってしまいます。

そこで要求されたのは、より客観的に犯人の行動を分析し、より適切なカテゴリーを設定していくというアプローチです。このアプローチをとった研究者として、イギリスのリヴァプール大学にいたカンター（D. Canter）教授がいます。彼のグループは、最小空間分析（ＳＳＡ：Smallest Space Analysis）という統計的な手法を用いて犯罪行動を分析することを考えました。

犯罪行動のあいだの関連をとらえる

最小空間分析を用いた、犯罪行動の分析とはどのようなものなのでしょうか。連続殺人犯人の行動を例にとって見てみましょう。

連続殺人犯人が犯罪現場でとる行動にはさまざまなものがあります。たとえば、A：被害者を銃で撃つ、B：遺体の顔に布などをかぶせる、C：いきなり襲撃する、D：凶器をもち帰る、E：殺害後に遺体を強姦する……などの行為です。

いま、このような犯罪行動を横にとり、縦には、連続殺人犯人を順番に記入して表をつくることを考えます。そして、その犯人が犯罪現場でとった行動をその表にチェックしていくことにします。たとえば、ある犯人1は殺人の際、A、C、D、Eの行動をとったとすると、AとC、D、Eの欄にチェックをします。別の犯人2はB、Fの行動をとったとするとB、Fの欄にチェックを入れていきます。このようにしてつくられる行列を「Qマトリクス（Q matrix）」と呼びます（表2－1）。この作業を何人もの連続殺人犯人について行っていきます。

このような表ができたら、次に、行動と行動の関係について調べてみます。いまAという行動をとった犯人が同時にCという行動もとっていることが多いとします。たとえば表2－1の例では、犯人1と犯人2、犯人4がAという行動をとっていますが、同時にCという行動もとっています。また、犯人3、5はAという行動をとっていませんが、

表2-1　殺人犯人と犯罪行動についてのＱマトリクス

	A	B	C	D	E	F	……
殺人犯人1	○		○	○	○		
殺人犯人2	○		○				
殺人犯人3		○				○	
殺人犯人4	○		○		○		
殺人犯人5		○		○	○	○	
殺人犯人6	○				○		
⋮							

Ｃという行動もとっていません。これは、ある犯人がＡという行動をとれば、同時にＣという行動をとる可能性が高いということを意味しています。これを（連続殺人という文脈で見れば）ＡとＣという行動は似ている、ということにします。ただし「似ている」といっても、行動そのものが似ているのではなく、あくまで同時に生じやすい、という意味ですので注意してください。

一方、Ａという行動をとった場合、Ｂという行動をとる可能性が少ないということもあります。表2-1の例では、犯人1、2、4、6はいずれもＡという行動をとっていますが、Ｂという行動はとっていません。また、Ａという行動をとっていない犯人3、5ではＢという行動が生じています。これはＡとＢという行動が似ておらず反対の意味をもっていることを示しています。さらに行動と行動が、まったく無関連だということもあります。たとえばＡとＤという行動は表2-1から見ると関連がなく、一方から他の一方を予測することはできないように見えます。

このように、犯人の行動のすべてのペアについてそれぞれの行動の類似性を調べてみて、これを数値で表すことにします。ここでは、「相関係数（correlation coefficient）」などの統計的な指標が使用されます。相関係数は、Aという行動とBという行動がもっとも密接に関係している場合、つまり、Aが起きれば必ずBも起きる場合に「1」に、Aが起きるとBがだいたい起きるという場合には「0・6〜0・8」程度の数値に、Aが起きるか否かとBが起きるか否かに関係がない場合に「0」に、Aが起きればBは起こらないといったように逆の関係にあるときに「−1」になる数値です。

相関係数にはさまざまな種類がありますが、この種の研究では、「ジャカード係数（Jaccard's coefficient）」と呼ばれる二者の関係を表す数値が用いられます。この係数は、1から0のあいだの値をとりますが、イメージは相関係数とほぼ同様です。

このようにして求められた行動間の類似性を数字で表した行列を「類似性マトリクス（行列）（similarity matrix）」と呼びます。

さて、このように犯罪行動相互間の類似性が算出できると次にこの関係をうまく表現したくなります。類似性マトリクスは数字の羅列ですから、それを眺めているだけでは、行動のあいだの関係を直感的につかむのがむずかしいからです。

このための統計的な方法が最小空間分析です。この方法を用いると、類似している行動は相互に近くに、類似していない行動は離れて空間的に配置した図を作成することができます。これを空間マッピングと呼びます。さきほどあげた三つの行動はAとCが類

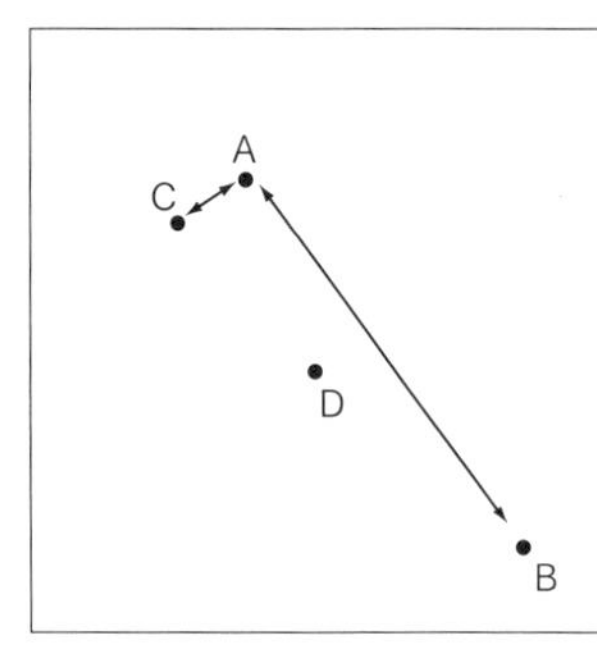

図２‐１　SSA の模式図
ＡとＣは類似しているので近くに、ＡとＢは逆の関係にあるので遠くに配置される。

似しており、ＡとＢが逆の関係で、ＡとＤが無関連でしたから、これを表すとすると図２‐１のようになります。

標準的な行動と特異な行動

この分析を行うと、ある事件の犯人がどのような行動をとりがちなのかをビジュアルに示すことができます。空間マップ上では類似している行動が近くに配置されるので、犯人がある行動をとったとするとその行動を示す点の周りには、その犯人が同時にとる可能性の高い行動を示す点が配置されることになります。

また、このマップを作成するともうひとつ興味深い特徴が現れてきます。それは、多くの犯人がとる行動は図の中心部分に配置され、一部の犯人しかとらない行動は図の周辺部分に配置されるということです。中心部分の犯罪行動は多くの犯人や犯行に共通の事柄ですので、犯人の特定などにはあまり役に立ちませんが周辺部分の行動は、その犯人独自の行動パターンであることを示しており、複数の事件が同一の犯人によって行われたか否かの判断基準として使用することもできます。また、周辺部分に配置される行動は、連続殺人とは異なった成分の行動であると考えることもできます。

このような抽象的な話を続けていてもあまりおもしろくありませんので、次に具体的な研究を紹介しながら、この方法について検討してみたいと思います。

二　連続殺人犯人の行動パターンをとらえる

連続殺人の空間マッピング

ここでは、ゴッドウィン（G. M. Godwin）の研究をもとに解説しましょう。彼は、アメリカの連続殺人犯人とその事件のデータをもとに分析を行いました。まずアメリカのＶｉＣＡＰ（凶悪犯罪逮捕プログラム：Violent Criminal Apprehension Program）やＨＩＴＳ（殺人捜査追跡システム：Homicide Investigation Tracking System）といった凶悪犯罪対象のデータベースから、一〇七名の連続殺人犯人、七二八件の事件を抽出しました。このうち一一名の犯人については、共犯者と犯行を行っていたためデータを統合し、結局九六組の殺人犯の事件を分析対象としました。

次に、彼はさきに述べたＱマトリクスを作成しました。縦の欄には九六組の殺人犯人が並び、横の欄には六五個の犯罪行動を選んで並べました。彼が用いた六五個の犯罪行動のうちいくつかの例を、表２－２に示しておきます。

Ligature	犯人はひもなどで絞殺している
Lowbody	被害者の下半身に傷口がある
Maleanal	犯人は男性被害者に対して性行為を行っている
Night	犯人は被害者の家に夜間に侵入する
Nude	遺体は発見されたとき全裸である
Piqueur	犯人は遺体にとがったものを突き刺している（性的な意味がある行為として）
Ransacke	犯人は財物を窃取するために家を探索する
Restvict	被害者の衣服で拘束する
Retualsc	犯人は遺体や遺体の付近で儀式的な行動を行っている
Revisit	犯人は犯罪現場をふたたび訪れている
Scatterd	被害者の脱がされた衣服は遺棄現場で発見される
Semen	被害者の身体やその周辺から精液が検出される
Sexorgan	犯人は性器を損傷させている
Sexpost	犯人は死後に性行為をしている
Undistur	犯罪現場の財物には手がつけられていない
Upbody	被害者の上半身に傷口がある
Vaginal	犯人が行った性行為は膣性交である
Vehstolen	犯人は被害者の車やバイクを盗んでいる
Victdrug	犯人は被害者に薬物などを使用している
Weaponoff	犯人は凶器をあらかじめ用意して現場にもってきている
Weaponop	犯人はその場にあった凶器を使用している
Weaponre	犯人は凶器をもとの位置に戻している

表2-2　ゴッドウィンが用いた犯罪現場での行動変数とその略号

Anthrophagy	犯人は遺体を食べるか血を飲んでいる
Bitemark	被害者の身体に犯人に嚙まれた跡がある
Blindfold	犯人は被害者に目隠しをする
Blitz	犯人は被害者をいきなり襲う
Bludgeon	犯人は棍棒などの鈍器を使用している
Bodparts	遺体はばらばらにされている
Bodymove	遺体は犯罪現場から遺棄場所に移動させられている
Bouncord	被害者は電気コードで縛られている
Bouncuff	被害者は手錠で拘束されている
Bountape	被害者はテープで縛られている
Chidden	被害者の脱がされた衣服は遺棄現場に隠されている
Con	犯人は被害者をことばでだまして捕らえる
Crimekit	犯人は犯行に用いる道具類をもち歩いている
Destevid	犯人は証拠を隠滅する
Facecov	犯人は被害者の顔を覆う
Firearm	犯人はピストル・ライフル・ショットガンを使用している
Forced	犯人は被害者の家に強引に押し入る
Fullydrs	遺体は完全に衣服を着ている
Gag	犯人は被害者にさるぐつわをする
Hacked	犯人は遺体を切断している
Handfeet	犯人は手や足で扼殺している
Heldcapt	被害者は殺される前に監禁されている
Insert	被害者の性器にものが挿入された形で遺体が発見される
Knife	犯人は刃物を使用している

Godwin, 2008, Appendix B を参考に作成。

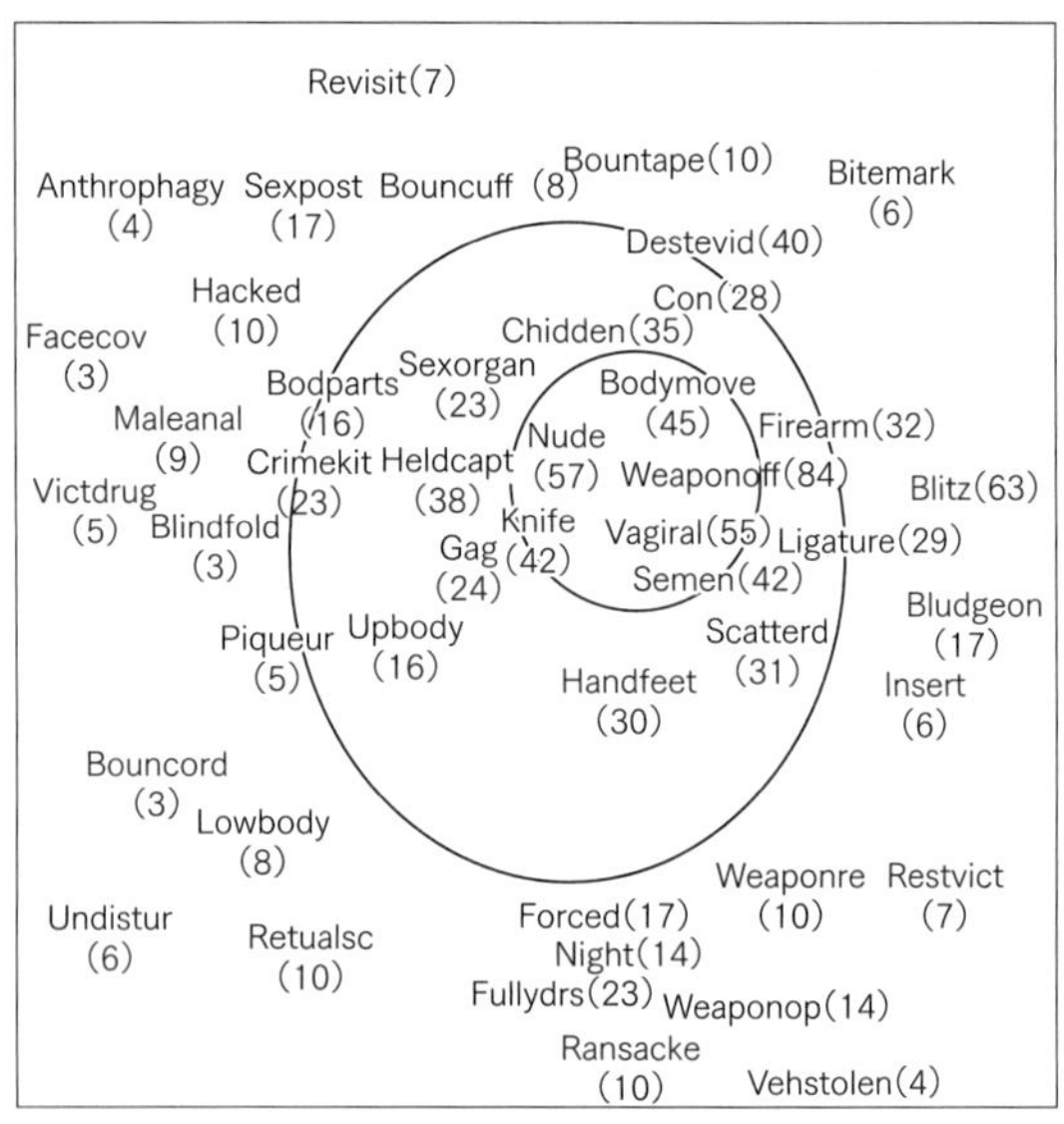

図2-2　ゴッドウィンによる連続殺人犯人の行動の空間マッピング

（　）内の数字は、出現頻度。Godwin, 2008, Figure 7-5 を参考にして作成。

このようにしてQマトリクスを作成したら、六五個の犯罪行動のそれぞれについて、行動間の関連の度合を計算します。指標としてはジャガード係数が用いられました。類似性マトリクスが求まったら、次にその結果をSSAを用いて二次元上に表します。その結果を図2-2にあげます。この図の数字はそれぞれの項目の出現頻度を示していま す。さきにも述べたように、図の中心部分には、多くの事件に共通する特徴が、また、周辺部には特殊な行動が配置されています。

たとえば、「Weaponoff（犯人があらかじめ、凶器を選択して、それを犯罪現場にもって行く）」という行動は、九六件の分析データのうち八四件で、また、「Bodymove（遺体を犯罪現場から別の場所に移動させる）」という行動は、九六件の連続殺人データのうち四五件で見られたものであり、これらの行動は連続殺人のなかでは、比較的ありふれた行動パターンであることがわかります。それに対して、「Anthrophagy（犯人は遺体を食べるか血を飲んでいる）」という行動は四件しか見られず、また、「Facecov（犯行の過程で被害者の顔を覆う）」や「Bouncode（被害者を電気コードで縛る）」なども、比較的少ない行動であることがわかります。

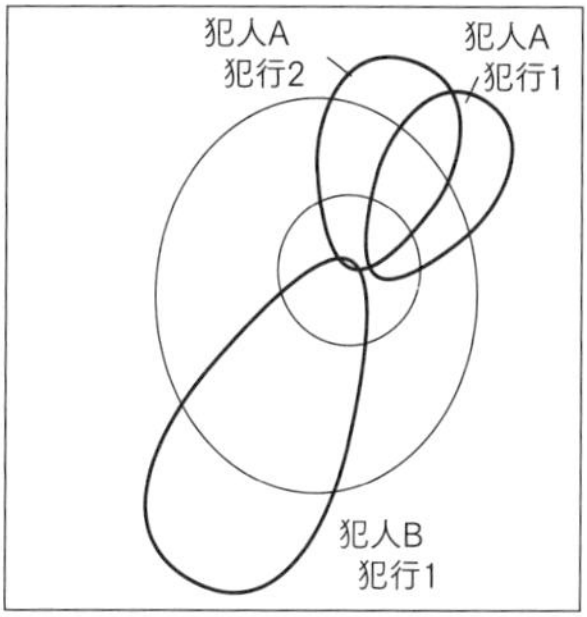

図2-3　SSAプロット上の複数犯人の行動パターン

この図では、同一犯人は近くにある点の行動をとりやすいということを意味しています。いま、ある犯人Aが第一の犯行でとった行動を表す点を図2-2上でピックアップし、それを含む楕円を書いてみます。次にこの犯人の第二の犯行でとった行動について同様な楕円を書いてみると第一の円と第二の円は重なりが多いということになります。これに対して、別の犯人Bがとった犯罪行動について円を描くと、犯人Aの行動の円とはあまり重ならないものになると考えられます（図2－3）。

連続殺人犯人の行動パターンの分析

さて、FBIは犯人の行動を二つのカテゴリーに分類しましたが、SSAを用いた空間マッピングを使用すれば、実際の犯罪現場のデータをもとにして、より客観的に、連続殺人犯人の行動をタイプに分けることが可能です。このマップでは、類似した行動は近くに配置されるため、空間上のこのあたりに配置される一連の行動をとる犯人は何型という形で分類していけばよいのです。このような分類は犯人の行動の類似性にもとづいた分類ですが、「犯行のテーマ」という名前で呼ばれることがあります。

このような観点から得られた二次元マッピングを見てみると、図2－2の右下と左上がそれぞれ異なっている特徴であることに気がつきます。右下の行動は「Restvict（被害者の衣服で拘束する）」「Weaponop（犯人はその場にあった凶器を使用している）」「Forced（犯人は被害者の家に強引に押し入る）」などの行動を含み、どちらかといえば、衝動的感情的な行動がまとまっています。これに対して、左上は「Bouncuff（被害者は手錠で拘束されている）」「Hacked（犯人は遺体を切断している）」「Revisit（犯人は犯罪現場をふたたび訪れている）」「Crimekit（犯人は犯行に用いる道具類をもち歩いている)」などの行動を含み、どちらかといえば冷静で計画的な行動がまとまっています。ゴットウィンは、前者を「感情的（Affective）行動」、後者を「認知的（Cognitive）行動」と呼びました。

　次に、右上と左下についてもそれぞれが異なった特徴をもっていることに気づきます。右上は「Bitemark（被害者の身体に犯人に噛まれた跡がある)」「Blitz（犯人は被害者をいきなり襲う)」「Bountape（被害者はテープで縛られている)」など被害者に対して圧倒的な優越感をもち、支配して自分の欲求を実現させるという犯罪行動パターンになっています。被害者は人間としてというよりもモノとして扱われます。また、左下は「Retualsc〔犯人は遺体や遺体の付近で儀式的な行動を行っている（たとえば、遺体を清めるために遺体に細工したりする)〕」「Lowbody（被害者の下半身に傷口がある)」「Fullydrs（遺体は完全に衣服を着ている)」「Blindfold（犯人は被害者に目隠しをする)」「Undistur（犯罪現場の財物には手がつけられていない)」など被害者に対して力で支配するというよりは、恐れと不安を伴ったアンビバレンツな感情で相対しているといった行動パターンになっています。被害者は犯人の怒りや憎しみなどの感情

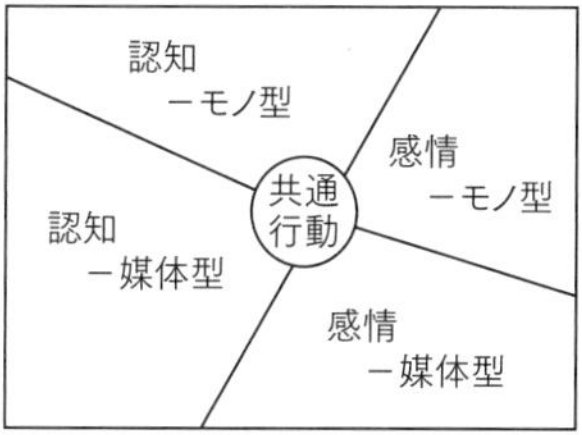

図2-4　ゴッドウィンによる空間マッピングを用いた連続殺人の分類
（図2-2の配置を分けたもの）

をぶつけられる存在として扱われます。ゴッドウィンは、前者を「モノとしての被害者（Victim as object）」、後者を「媒体としての被害者（Victim as vehicle）」と呼びました。彼は、この二つの区切り線を同時に引き、連続殺人犯人の行動を四つのグループに分類しました、「認知ーモノ型〔Cognitive-Object（C-O）〕」「認知ー媒体型〔Cognitive-Vehicle（C-V）〕」「感情ーモノ型〔Affective-Object（A-O）〕」「感情ー媒体型〔Affective-Vehicle（C-V）〕」という分類です（図2-4）。それぞれのタイプの典型的な行動パターンについて表2-3に示します。これがSSAを用いた連続殺人の分類です。

FBIのプロファイリングの分類は正しいのか

さて、ゴッドウィンは連続殺人犯人の行動を、SSAを使用してテーマに分類したわけですが、気になるのは、彼らの分類はFBI方式の分類とは異なるという点です。では、FBIの分類は間違っているのでしょうか。この問題を検討したのが、カンター、アリソン（L. J. Alison）、アリソン（E. Alison）らのグループです。

彼らは、次のように考えました。「もし、FBIの分類方法が正しいのであれば、秩序型と無秩序型の連続殺人犯人を分類するときに用いている犯罪行動の変数を空間的にマッピングすると、秩序型と無秩序型でそれぞれグループが形成されるはずである。もし、これらのグループに分かれないのならば、FBIの分類は正しくない」と。

表2-3　ゴッドウィンによる4種類の犯行テーマごとの典型的な行動パターン

認知―モノ型〔Cognitive-Object（C-O)〕

計画的な犯行を行う。犯行は終始コントロールされている。被害者を欺罔したり、巧みな話術で連れ出し、拘束し、監禁する。その後は、被害者をモノとして扱い自分のサディスティックな欲求を被害者で実現させ、拷問し殺害する。遺体を食べたり、死後強姦したりする。証拠や死体は隠蔽する。

認知―媒体型〔Cognitive-Vehicle（C-V)〕

犯行は計画的であるが、実行中の行動はコントロールされていない。被害者をコードなどで縛り、拷問する。凶器はナイフ、傷は刺されたり切られたり多様で、複数の場所に傷がある。傷口は10ヵ所以上ある場合がある。被害者の顔を見ることを避けるために被害者に目隠しをする。殺害後、犯人は被害者のもち物や体の一部を記念品として持ち帰る。

感情―モノ型〔Affective-Object（A-O)〕

被害者を突然襲い、暴行する、被害者を噛むことがある。殺害方法は撲殺か、銃を用いることが多いが、ひもで絞め殺す場合もある。被害者を人間としてでなく自分の欲求をはき出すためのモノとして扱う。殺害後、腹腔などに物を挿入することがある。犯罪現場は乱雑で無秩序である。

感情―媒体型〔Affective-Vehicle（C-V)〕

夜間に被害者の家に押し入り、就寝中を襲う、レイプを試みる、被害者を殴ったり蹴って暴行する。自分の怒りを被害者にぶつけるような行動をとる。凶器はその場にあるものを使用し、現場に残して逃走する。遺体もその場で着衣のまま発見される。犯罪現場は乱雑で無秩序である。

そこで、カンターらは、アメリカで発生した連続殺人事件のデータを用いて、この分析を行いました。分析対象になったのは、一〇〇名の連続殺人犯人による一〇〇件の犯罪です。それぞれの連続殺人犯人の三番目の殺人のデータが使用されました。

彼らは、これらの犯罪について横には犯罪現場の特性、縦には一〇〇名の連続殺人犯人をとってQマトリクスを作成しました。犯罪現場の特性としては三九個の指標が用いられましたが、このうち一三個の行動は、FBI方式のプロファイリングでは秩序型の特徴とされているものであり、具体的には「凶器が現場で発見されない」「殺害後に遺体を覆う」「遺体にポーズをつける」などでした。残りの二六個の行動は無秩序型の特徴といわれているもので、「オーバーキル（被害者が死亡したあとにさらに遺体を傷つける行為）」「もち物をばらまく」「喉を裂く」などが含まれていました（表2-4）。

この結果を、SSAを使用して二次元空間にプロットしたものが図2-5です。この図では、■がFBIの言う秩序型の犯人の行動特性を示しています。また、△が無秩序型の犯人の行動特性を示しています。これを見ると、秩序型と無秩序型が分離しているとは必ずしも言えません。

たとえば、「家の中をくまなく探索する」という行動と、「遺体をばらばらにする」という行動は、FBIの分類では同じ無秩序型の特性ですが、実際には、これらの空間的な付置は離れており、これらの行動がともに生じる可能性は少ないということがわかり

表2-4　FBI方式による秩序型・無秩序型の犯行現場の特徴例と出現頻度

秩序型（Organized）		無秩序型（Disorganized）	
殺害前にレイプする	(91%)	オーバーキル	(70%)
遺体にポーズをつける	(75%)	複数回の性行動	(66%)
凶器が現場で発見されない	(67%)	殴る	(61%)
遺体を隠蔽する	(58%)	持ち物をばらまく	(47%)
拷問する	(53%)	遺体を切り裂く	(38%)
監禁する	(40%)	鈍器で殴る	(38%)
殺害後に遺体を覆い隠す	(37%)	その場にある凶器を使用する	(31%)
ひもで絞殺する	(34%)	性器に対する傷害	(23%)
さるぐつわをする	(16%)	顔を傷つける	(19%)
噛み跡	(5%)	腹を裂く	(8%)
		臓器を引き出す	(6%)
		手足を切断する	(3%)

Canter, Alison, Alison, & Wentink, 2004, Table. 3から抜粋して作成。

ます。また、「被害者を殺す前にレイプする」ことは秩序型の特性で、「オーバーキル」は無秩序型の特性ですが、この結果を見ると空間付置が近いのでこれらの行動が同じ犯人によってとられる可能性は大きいことがわかります。

この結果を見て興味深いのは、秩序型の犯罪行動はむしろ連続殺人においてはきわめて典型的な行動であることです。実際、「さるぐつわをする」と「銃を使用する」などを除けば、ほとんどの項目が三〇％以上の生起確率で、中心部分に位置していますす。これに対して、無秩序型の特徴は生起頻度の高いものから低いものまで存在し、二次元空間にまんべんなく分布しています。

これらのことから、FBI方式で秩序型と呼ばれているのはむしろ、際立った特徴

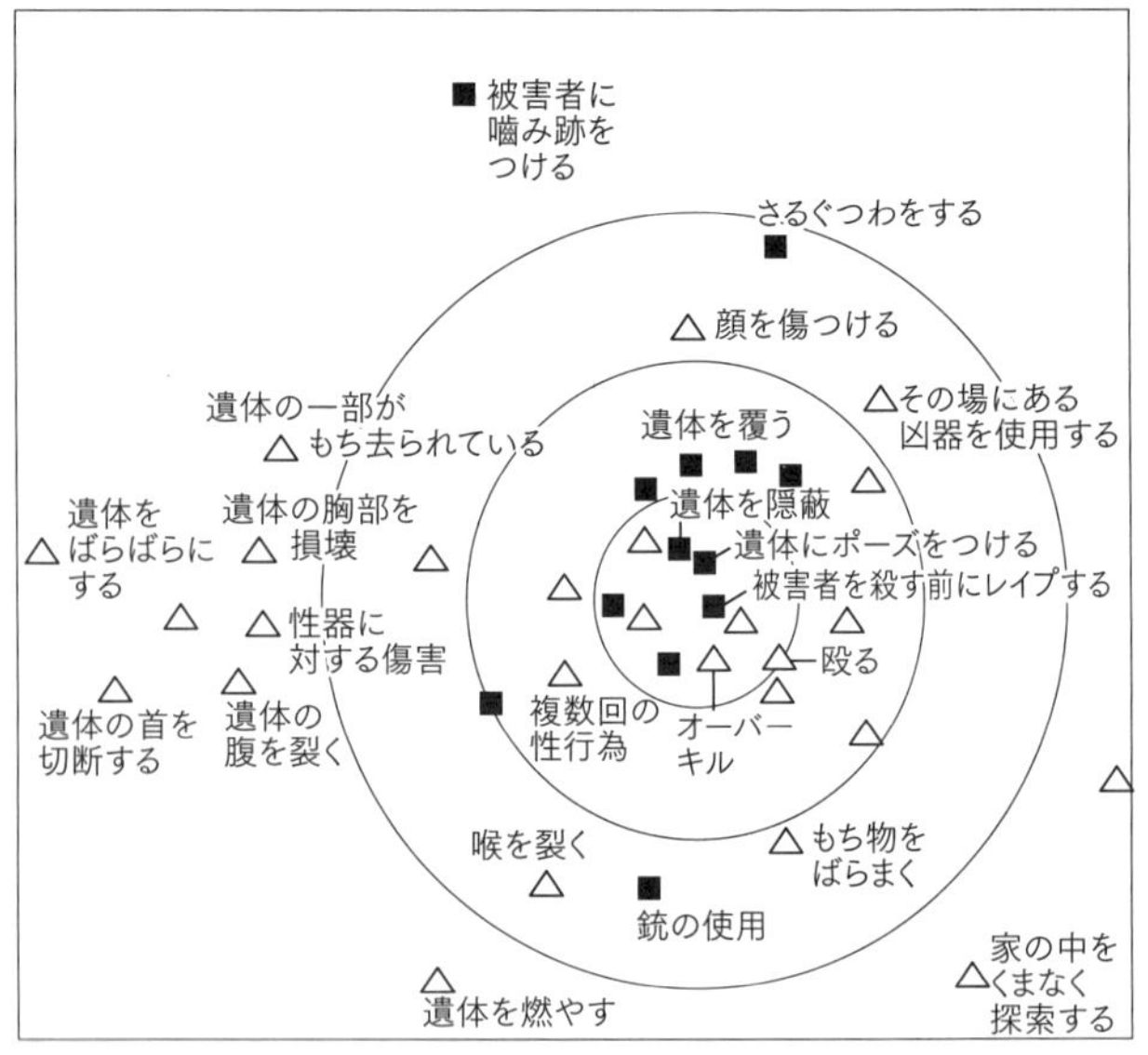

図2-5　カンターらによるFBI方式のプロファイリングの空間マッピングによる検討

■秩序型の行動、△無秩序型の行動を示す。Canter et al., 2004, Figure. 1を参考に作成。

をあまり示さない連続殺人事件であり、無秩序型は、秩序型のような典型例からさまざまな特徴が逸脱している犯人であるということができます。また、ＦＢＩ方式のカテゴリー分類が必ずしもうまくいかず、「混合型」が生じてしまう理由も推測できます。秩序型の犯罪行動はそもそも連続殺人犯人がとりやすい行動であるため、無秩序型の連続殺人犯人であっても秩序型の行動を行うことはよくあるからです。

三　連続殺人犯人の特徴をとらえる

ストレンジャー殺人における犯行パターンと犯人の属性

さて、前節で述べたのは、ある行動をとった犯人は別のどのような行動をとりやすいかということをもとにした犯人のタイプの分類でした。しかし、われわれの目標は犯行のタイプ分けではなく、あくまで、犯行形態から犯人の属性を推定するプロファイリングですから、これだけでは、まだ目的を達したことにはなりません。では、どのようにして、プロファイリングを行えばよいのでしょうか。

ここでは、サルファティ（G. G. Salfati）とカンターによって行われた被害者―加害者間関係のない殺人（ストレンジャー殺人）に関する研究を例にその方法を解説してみます。対象にしたのは、一九八〇年代から一九九〇年代にかけてイギリスで発生し、解決

表2－5　犯人の属性を知るQマトリクス

	A	B	C	…	X1	X2	X3	…
殺人犯人1	○		○		○	○	○	
殺人犯人2	○		○			○		
殺人犯人3		○					○	
殺人犯人4	○		○			○		
殺人犯人5		○				○	○	
殺人犯人6	○				○		○	
⋮								

した被害者─加害者間関係のない単独殺人事件八二件です。これらの犯罪について、四八個の犯行に関する変数を用いてQマトリクスを作成しました。彼らはそれに加えて、捕まった犯人についての属性も変数として考慮し同時に分析を行ったのです。

さきほどのQマトリクスの説明では、横の欄はさまざまな犯罪現場の特性でした。しかしここには、犯罪行動のみでなく、犯人の属性を含めることも可能です。具体的には、X1：暴力犯罪の前科がある、X2：失業中である、X3：結婚している、などの項目をこの表に加えていきます(表2－5)。このようにして得られたデータをもとにして類似性行列を作成し、SSAで空間的にプロットすれば、空間上に犯人の行動のみでなく犯人の属性も同時にプロットすることが可能です。その図では、犯人のとったある犯罪行動と近い位置にその行動と関連している犯人の属性がプロットされることになります。

この分析の結果を図2－6に示します。ここには犯罪行

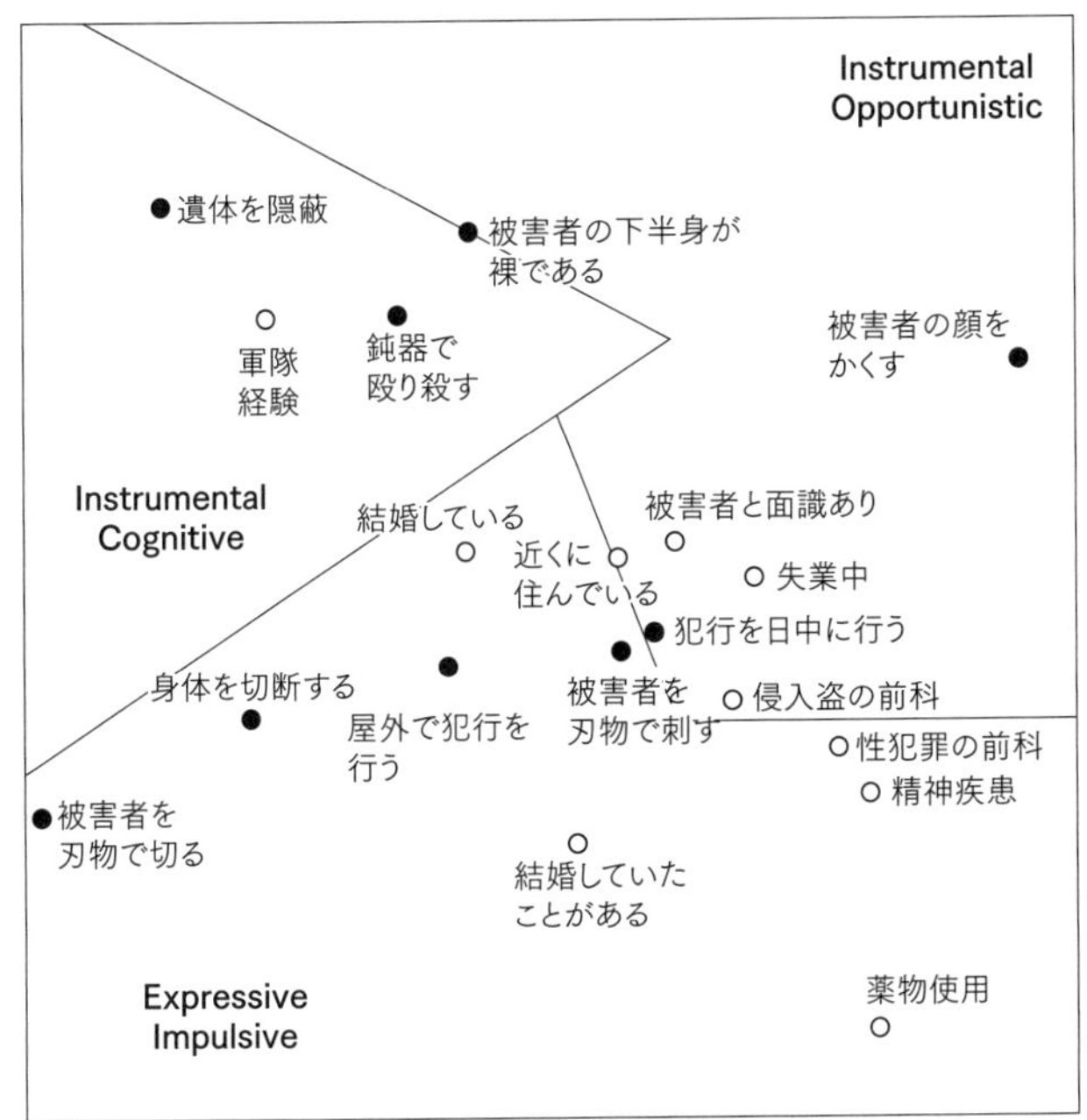

図2-6　サルファティによる犯人の行動と属性のSSAプロット
●が犯人の行動、○が犯人の属性を示す。Salfati & Canter, 1999, Figure. 3より項目を抜粋して作成。

表２-６　ゴッドウィンの研究による犯行パターンごとの犯人の属性

認知―モノ（C-O）型

白人、平均年齢31歳、レイプ以外の性犯罪の前科がある、ペドフィリア（子どもに対する性的嗜好）、定職に就いている

認知―媒介（C-V）型

白人、平均年齢28歳で、少年犯罪や暴力犯罪の前科があり、のぞき趣味がある、定職に就いている、教育歴に特別な傾向はない

感情―モノ（A-O）型

平均年齢31歳、性犯罪の前科、ポルノを愛好し、収集している、性的フェティシズムなどの特徴と関連し、教育歴や雇用形態（定職に就いているか無職か）に特別な傾向はない

感情―媒介（A-V）型

白人のみでなく、アフリカ系アメリカ人の場合もあり、暴力、強盗、窃盗などの犯罪で少年時代から前科があり、のぞきやペドフィリアがあり、ポルノを愛好し収集している。教育歴と雇用形態には特別な傾向はない

動とともに犯人の属性も同様にマッピングされていることがわかります。たとえば、「犯行を日中に行う」「刃物で刺す」という犯罪行動の付近には「失業中」「侵入盗の前科」「被害者と面識がある」などの犯人の属性が配置されています。また、「鈍器で殴り殺す」のそばには「軍隊経験」などの属性があります。

近くに配置された犯罪行動と属性はともに生じやすいので、この図を見て犯人がとった行動の付近に配置されている犯人の属性変数を読み取っていけば、犯罪行動から犯人の属性を推測する手がかりになると思われます。たとえば、犯人が被害者を鈍器で殴って殺害していれば、犯人は軍隊経験があると推定できます。

連続殺人犯人の犯行パターンと属性

さて、連続殺人事件に関するゴッドウィンの研究に戻りましょう。彼は、サルファティと類似した方法で（正確には「部分スケログラム分析〔ＰＯＳＡ：Partial Order Scalogram Analysis〕」といった統計的技法を使用する方法を用いていますが、ここではくわしくとりあげません）さきほどあげた連続殺人犯人の行動と属性の関係についての分析を行っています。彼は、犯罪行動に関する変数に加え、犯人の個人属性に関する変数三九個（前科、現在の職業、学歴、年齢、人種、性犯罪や暴力犯罪、窃盗犯罪の前科、ポルノの愛好などの変数）を使用して、分析を行いました。その結果を表2－6に示します。

ＦＢＩプロファイリングの予測する犯人のイメージにくらべると、少しはっきりしておらず、具体的なイメージがつかみにくい結果ですが、この部分に関しては現在多くの研究がまさに行われているところですので、今後、次第に明確なものとなっていくと思われます。

四　連続レイプ事件の分析

連続殺人と同様に、犯人検挙が困難な犯罪として、「ストレンジャーレイプ（stranger

rape)」があります。レイプの多くは、犯人と被害者に面識があったり、友人や恋人同士だったりする知人間レイプやデートレイプと呼ばれる形態です。このようなタイプのレイプでなく、被害者にとって見ず知らずの犯人によって行われるレイプのことをストレンジャーレイプと言います。

ストレンジャーレイプは、ある地域で連続して発生する場合があります。レイプ犯罪は、被害者に大きな心の傷を残す凶悪犯罪ですので、犯人をできるだけ早く検挙することが重要な課題になってきます。次にこの犯罪の犯人の行動パターンに関する研究について見ることにしましょう。

連続レイプ犯人の行動パターン分析——犯行マッピング

サンティーラ（P. Santtila）らのグループは、フィンランドの連続レイプ事件のデータを用いて、研究を行いました。用いたのは一六名の連続レイプ犯人の四三のレイプ事件のデータです。犯人の平均年齢は三一歳で、その範囲は一六歳から四九歳、被害者の平均年齢は三二歳で、範囲は一五歳から六二歳でした。

彼らはまず、これらの犯罪についてのQマトリクスを作成しました。横には犯人の属性、犯行時の犯人の行動、犯罪現場などの項目を配置し、縦にはそれぞれの犯人を配置しました。そして、各レイプ事件の資料——具体的には捜査データ、被害者の供述、犯人の供述、医師の供述や物証――をもとにしてコーディングを行ったのです。この結果をもとにSSAを使用して犯人の行動を空間的にマッピングしたのが、図２‐７です。
　さきに述べた連続殺人の分析と同様に、中心部分には多くの犯罪に共通する特性が、周辺部分に行くにしたがって、特殊で頻度の低い行動特性がプロットされています。たとえば、このマップでは夜に犯行を行うという特性は多くのケース（全犯行の六五・一%、全犯人の八一・三%）に該当していたため、中心部分にプロットされ、野外で襲う（全犯行の二〇・九%、全犯人の三一・三%）といった行動は比較的少ないためにそれよりも周辺部分にプロットされています。

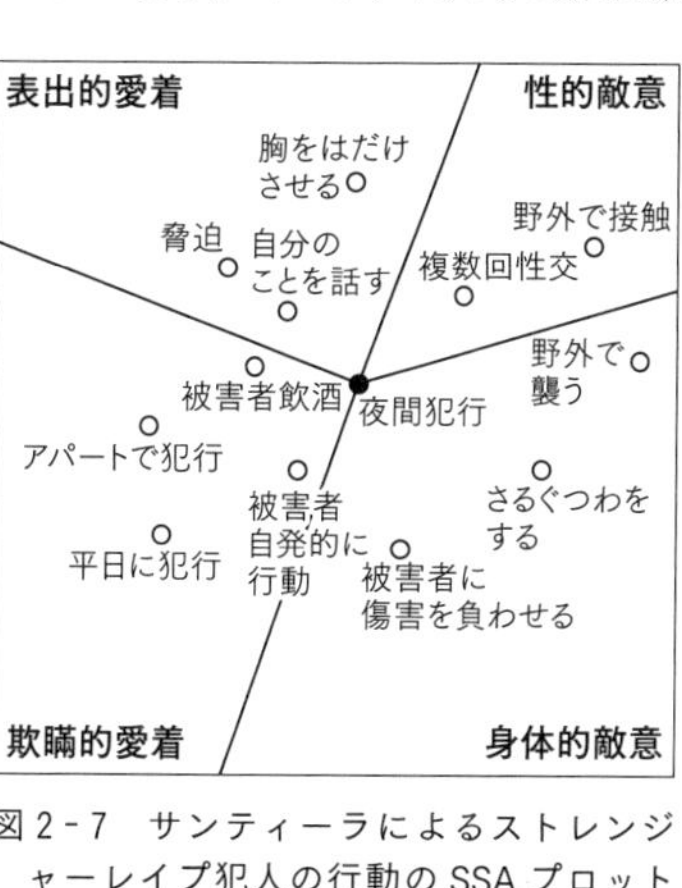

図２‐７　サンティーラによるストレンジャーレイプ犯人の行動のSSAプロットと犯行テーマ
Santtila, Junkkila & Sandnabba, 2005, Figure. 1を参考に作成。

　サンティーラはこの結果をもとにして、犯人の行動テーマを抽出しています。性的な敵意（sexual hostility）、身体的な敵意（physical hostility）、表出的愛着（expressive involvement）、欺瞞的愛着（deceptive involvement）がそれです。マッピングの結果を見ると、それぞれのタイプの犯人は次のような行動をとることがわかります。

・性的敵意テーマのレイプ犯
野外で被害者を襲い、複数回の性交を行うなどの行動をとる
・身体的敵意テーマのレイプ犯
被害者にさるぐつわをし、傷害を負わせることが多い
・表出的愛着テーマのレイプ犯
言葉によって被害者を脅迫し、「レイプのことを人に言うな」などと話し、自分自身のことについての情報を被害者に話すなどの行動をとる
・欺瞞的愛着テーマのレイプ犯
レストランなどで酔っている人に言葉巧みに近づき、相手のアパートなどに一緒に行って、そこで犯行に及ぶ

また、犯人の属性と犯行パターンの関係について分析を行ったところ、表出的愛着テーマの犯人は、犯罪現場の近くに住んでいることや、欺瞞的愛着の犯人は失業中であることが多いことなどが明らかになりました。

屋内レイプ犯の行動分析

プロファイリングについてよくなされる批判として、文化差についてのものがあります。アメリカやヨーロッパで開発された分析枠組みが日本で通用するわけがない、日本の犯罪の質はアメリカとは違う、というのがその内容です。プロファイリングに批判的な日本の研究者や、テレビのコメンテーターがこのような発言をすることが多いように思います。

このような批判をするのは簡単ですが、これは単なる意見に過ぎません。科学者としては、批判するだけでなく、日本の犯罪データを用いて検討して、どのようなパターンが見られるのかを検討しなければなりません。

日本の犯罪データを用いてレイプ犯の行動を分析した研究として、科学警察研究所の横田らの研究があります。彼女たちは、サンティーラらと同様にSSAによる空間マッピングを用いて日本におけるレイプ事件を分析しました。分析対象となったのは、集合住宅で発生した屋内連続レイプ事件で、犯罪行動を中心とした四七個の項目について、四〇七九名のレイプ犯人のデータを用いて分析が行われました。項目間で類似性マトリクスを作成して、SSA分析を行った結果を図2－8に示します。

この結果、犯人の行動は「性愛性」「親密性」「支配性」の三つのテーマに分類することができました。性愛性テーマとは、犯人が自らの性的な欲求を果たすために、被害者

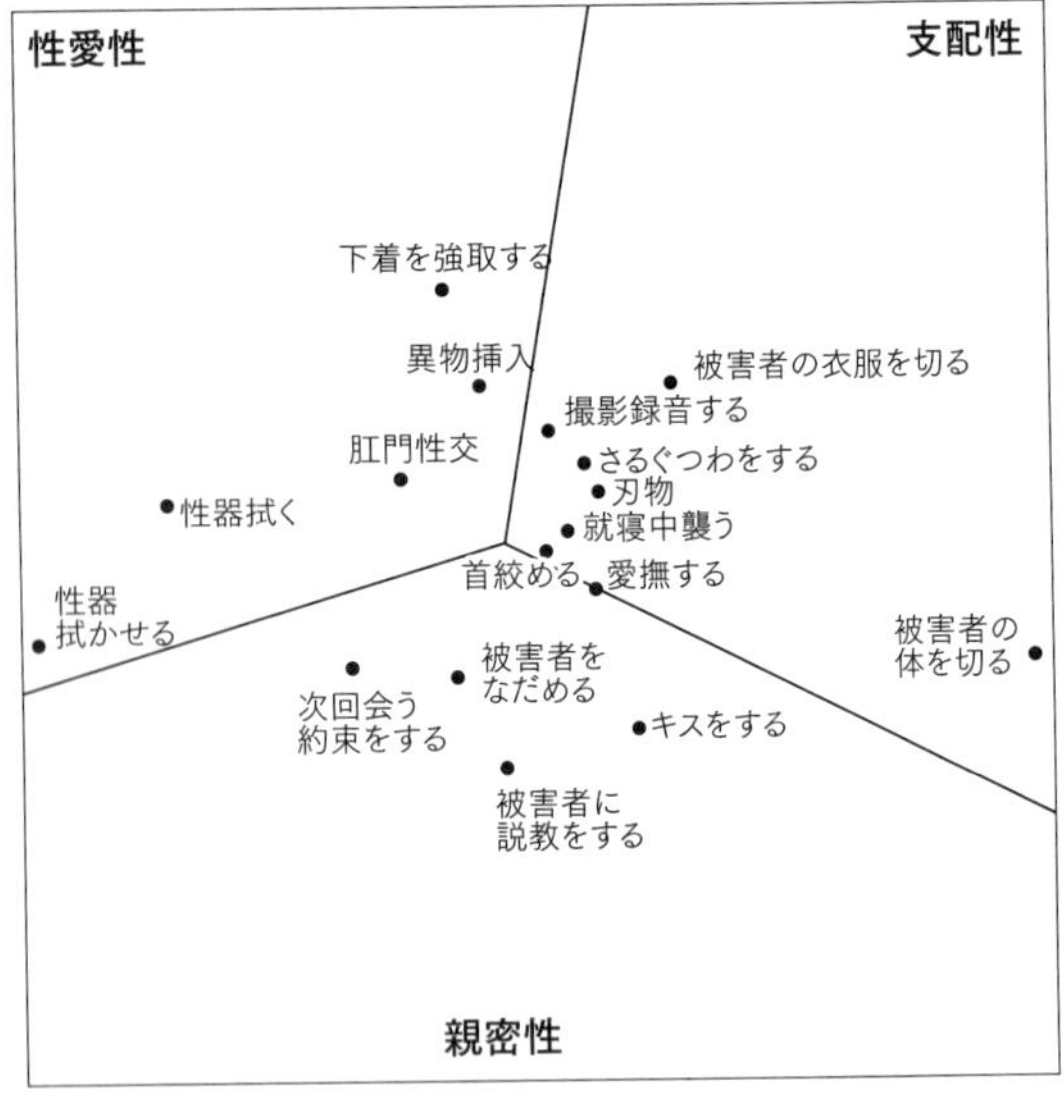

図 2 - 8　横田による屋内連続レイプ犯人の犯罪行動の SSA プロット
横田、2007、Fig. 4. 4 より項目を抜粋して作成。

を道具として用いる一連の行動をとることであり、具体的な行為としては口内射精や肛門性交などの性的な行為を行う犯行スタイルです。親密性テーマとは、犯人が被害者との人間関係を構築しようと試みるタイプであり、被害者をなだめたり、被害者のことをいろいろ尋ねたり、場合によっては説教したりするなどの行動を行う犯行タイプです。支配性テーマとは、犯人が被害者を支配したり、暴力をふるったりする犯行タイプであり、あらかじめ用意した凶器をもち、身体的、言語的な暴力をふるうほか、服を切り裂いたり、目隠しをするなどの行動をとる犯行スタイルです。

横田らの分析結果は犯行パターンの分類では、一見、サンティーラのグループと異なっているように見えますが、性的な敵意と性愛性、身体的敵意と支配性、表出的・欺瞞的愛着と親密性がほぼ対応しており、結果としては同様のものであると言えるでしょう。日本とフィンランドという場所も人種構成もまったく異なる国で、独立のデータを用いた研究で結果がほぼ同じになるということは、この種の犯罪行動の通文化一貫性を示していて興味深いものです。

次に横田らは、これらの犯行テーマと犯人の属性の関連について検討しました。この研究ではとくに、前科との関連について検討しています。その結果、支配性の行動パターンを示す犯人はその特徴が顕著になればなるほど強盗、窃盗の前科がある割合が増加し、性愛性のテーマの犯人はその特徴が非常に顕著であれば、性犯罪の前科がある割合が増加するということがわかりました。ただし、この関連性はそれほど強くなく、犯行テーマからの犯人属性の推定に関しては今後引き続いて検討していく必要があると思われます。

リンク分析

連続殺人事件や連続レイプ事件の捜査を行う場合の問題は、ひとつの地域で複数の犯人が活動しているケースがあるという点です。とくに大都市部では、同じ地域で複数の犯人による連続レイプ事件が発生することがあります。この場合、プロファイリングによって犯人の属性を推定するにも、あとで述べる地理的なプロファイリングをするにも、その前提として、ある地域で発生している複数の事件が何人の犯人によって引き起こされているのかを明らかにし、どの事件とどの事件が同一犯人によるものなのかを分類していくことが必要になります。

この分類を行うひとつの方法は、物証を手がかりにするものです。たとえば、犯人の唾液の血液型、犯人の精液のＤＮＡ型、指紋、足跡などです。しかし、これらの証拠はいつも採取できるとは限りません。そこで、個々の犯人の行動パターンを利用して、この問題を解決しようとするのが、「(行動による) リンク分析 (linkage analysis)」です。

連続レイプ犯人のリンク分析

リンク分析に関するサンティーラのグループの研究を見てみましょう。犯罪行動の空間マッピングの研究では、犯罪行動間の類似性をもとにして、それぞれの犯罪行動を空間に配置しました。これと同じ方法で犯罪現場ごとの類似性を算出することも可能です。

表２-７　犯罪現場ごとの犯人の行動についてのマトリクス

	A	B	C	D	E	F	……
犯罪現場１	○		○	○	○		
犯罪現場２	○				○		
犯罪現場３		○		○		○	
犯罪現場４	○		○		○		
犯罪現場５				○		○	
⋮							

まず、表２-７のような表をつくってみます。縦には各犯罪現場が、横にはそれぞれの犯罪現場で犯人がとった行動が示されています。たとえばＡ：知人を装って接近する、Ｂ：衣服を切り裂く、Ｃ：レイプ後被害者を慰める、Ｄ：被害者の下着を奪う、Ｅ：犯人が自分の身の上話をする、Ｆ：刃物で脅す……などです。

さきほどの分析では、犯罪行為ごとの類似性を算出して、それを空間上にマッピングしたのですが、今回は犯罪現場ごとの類似性を計算して犯罪現場を空間上にマッピングすることにします。たとえば、表２-７の例だと、犯罪現場１と犯罪現場４では、犯人のとった行動が類似しています（Ａ、Ｃ、Ｅがともに生起しており、Ｂ、Ｆはともに生起していません）ので近くに配置し、犯罪現場１と犯罪現場３では、行動が類似していないので（Ｄ以外の要素は共通していません）離れて配置させることにします。

同じ犯人が起こした事件は、別の犯人による事件にくらべて、犯行パターンが類似しているので、空間マップ上で近い

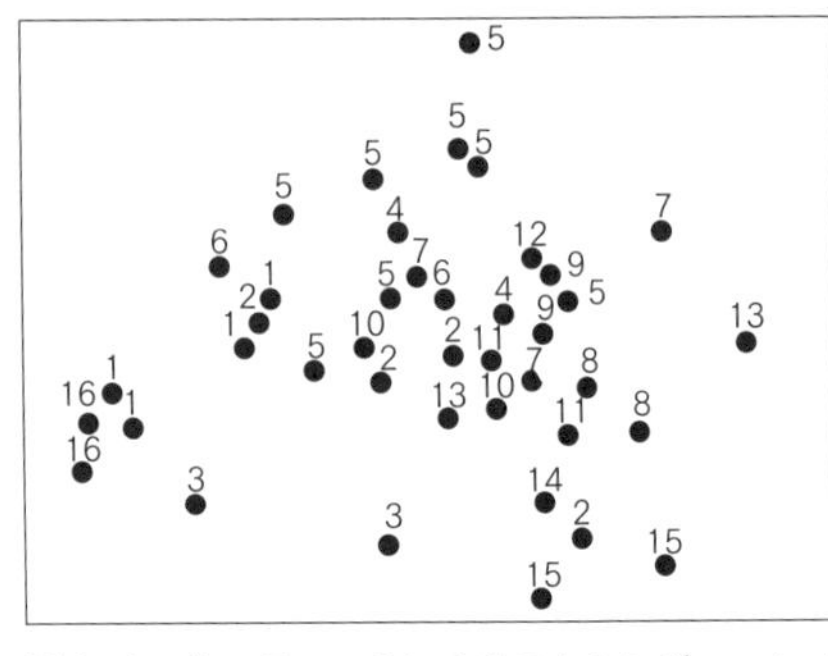

図2-9　サンティーラによるストレンジャーレイプ犯人のリンク分析の図

Santtila, Junkkila & Sandnabba, 2005, Figure 2を参考に作成。

位置に配置される犯罪現場は同一犯人が行ったものであると推測することができます。

サンティーラは、さきにあげた一六名のストレンジャーレイプ犯のなかから、二つ以上の事件を行っている一二名のデータをとりあげて、右のような方法を用いて、犯罪現場を空間的にプロットしました。その結果を図2-9に示します。同じ犯人による犯行には、同じ番号がふってあります。比較的近くに同じ番号の点があることがわかります。

これは犯罪現場の類似性を指標とした空間マップを使用すれば、複数の犯罪者によって生じている犯行を個々の犯人ごとに分類していくことが、ある程度は可能であるということを示しています。この例では、一二名もの連続レイプ犯について同時に検討されていますが、実際にはある地域にアクティブな一二名のレイプ犯が活動しているといったことはほとんどないので、犯人の行動を用いた犯行のリンク分析は十分可能であると思われます。

＊リヴァプール方式のプロファイリングの展開＊

ＳＳＡによる空間マッピングを用いたリヴァプール方式のプロファイリングは、現在、プロファイリング研究の主流となっています。この方法は、客観的に犯罪行動を分析することができること、犯罪行動をビジュアルに分析できること、犯人の行動と属性の関連を数値で分析できること、リンク分析など犯行間の類似性を分析できることなど、ＦＢＩ方式にない多くの利点をもっているからです。これらの方法によって、従来経験的に把握されていた犯罪者の行動が科学的知識として明らかになり、常識を補強したり、常識の誤りが明らかになったりしています。

リヴァプール方式のプロファイリング研究は、本格的に始まってからまだ一〇年ほどしかたっていません。したがって、未開拓な領域や不十分な領域がたくさん残されています。とはいえ、この一〇年で、犯罪者の行動パターンの分類研究についてはある程度めどがついてきました。次の研究テーマは、そのカテゴリーと犯人の属性との関連を明確化していくことが中心になってくるでしょう。

ＦＢＩ方式はある程度の不確実さはあるものの、この関連性を劇的に示すことで評価されてきました。リヴァプール方式ではゴッドウィンやサルファティの殺人に関する研究や横田の屋内レイプに関する研究などがなされていますが、この関連性についての知識がまだ十分になっているとはいえません。次の一〇年でこの点が明らかになってくれば、科学的な方法にもとづくより精度の高いプロファイリング技術が捜査の第一線で使用されるようになると思われます。

コラム　アメリカの警察システムと犯罪捜査

アメリカ映画を見ていると、同じ事件でもさまざまな警察組織がそこに絡んできて、捜査の主導権争いをしたりする姿が描かれます。たとえば『ダイ・ハード（Die Hard）』では、犯人グループがビルを占拠しますが、ロサンゼルス市警察が対応していると途中からFBIが乗り込んできて「これからはわれわれが指揮を執る！」と言って市警察を追い出します。同様なシーンは『交渉人（The Negotiator）』や『インサイド・マン（Inside Man）』など多くのアメリカ映画で見られます。また、殺人事件の現場に、保安官やら州警察やらいろいろな警察組織が異なった制服、異なったロゴの入ったパーカーを着て入り乱れて動いているという場面もよく描かれます。このような状況は日本の犯罪現場では存在しません。日本では、事件現場に駆けつけるのはその県の警察だけです。

この違いはアメリカと日本の警察システムの違いから出ているのです。日本の警察システムは中央にある警察庁を中心とした中央集権的な組織で、都道府県に設置された各県の警察本部が独占的に第一線の活動を担っています（警視庁は発足以来首都警察として特別な地位にありますが東京都の警察です）、管轄の重なりも基本的にはありません。

これに対してアメリカの警察システムは基本的には西部劇の保安官に見られるように集落ごとに治安を守る要員として選ばれた市民が、治安維持の仕事に従事するといった自治体主導の警察です。したがって、町や市、郡ごとに、警察組織が存在し、その管轄地も重複しています。興味深いところでは大学構内を管轄する大学警察なども存在しますし、いまは統合されてしまいましたが、ニューヨークの地下鉄のみを管轄する地下鉄警察なども存在しました。これらはみな正規の警察です。したがって、事件が発生すると管轄が重なっている複数の警察組織が現場に臨場することがあります。そして、どの組織が中心となって事件捜査をしていくのかを話し合って決めていきます。

このような自治体主導の警察システムとは別に、アメリカの連邦全体を管轄する警察システムも存在します。これは、連邦法執行機関（連邦警察）と呼ばれます。ただ、連邦法執行機関といってもひとつではないところがまた複雑です。もっとも有名なのは、映画にもよく登場する連邦捜査局（FBI）ですが、それ以外に連邦麻薬取締局（DEA）、アルコールたばこ武器爆発物取締局（ATF）、シークレットサービス（Secret Service）、連邦保安官（U. S. Marshals）などが存在します。シークレットサービスは大統領警護で有名ですが、本来は連邦経済犯罪を捜査する連邦法執行機関です。もともとは財務省に属していました。さらに、連邦保安官は地方の保安官と異なり、犯罪者の護送や逃走した犯罪者の確保などの仕事を行う組織です。

アメリカ映画では、さまざまな機関が描き分けられていますが、日本人の多くは、アメリカの連邦法執行機関はみなFBIだと思っているのも事実で、映画の字幕でもDEAやATFの捜査官のことがFBI捜査官と誤って訳されていることもあります。ちなみに、DEAが出てくる有名な映画は『レオン（Leon）』、ATFが出てくる映画としては『デジャヴ（Déjà Vu）』、シークレットサービスが出てくる映画としては『ザ・センチネル（The Sentinel）』、連邦保安官がでてくる映画としては『逃亡者（The Fugitive）』『コン・エアー（Con Air）』『ホワイトアウト（Whiteout）』などがあります。

実際の捜査では、自治体警察間、連邦警察と自治体警察（市警察など）のあいだや連邦警察機関間での主導権争いなどが生じることがあり、アメリカ映画などではしばしばその様子が描かれています。最初に述べた『ダイ・ハード』の一幕もその例です。ところで『ダイ・ハード』で、市警察から捜査の指揮権を奪ったFBI捜査官は、犯人によってヘリコプターごと爆破されてしまいますが、アメリカ人も日本人と同様にエリート風を吹かせている上級公務員よりは、叩き上げ苦労人の下級公務員（ブルース・ウィリス）のほうに共感しやすいので、こういうシーンを見ると、スカッとするのです。

第3章

犯人の居住地を推定する

いままで述べてきたプロファイリングは、犯人がどのような人物であるのかを推定する技術でした。プロファイリングには、もう一種類の技術が存在します。それは、「地理的プロファイリング（geographical profiling）」と呼ばれるものです。これに対して、いままで述べてきた犯人の属性推定を行うプロファイリングのことを「犯罪者プロファイリング（offender profiling）」ということがあります。犯罪者プロファイリングのアウトプットが、犯人の年齢や職業、生活の特徴などの「犯人の属性」であったのに対して、地理的プロファイリングのアウトプットは、犯人がどこに住んでいるのかという情報や、犯人は次にどこで犯罪を行うのか、といった「地理的な情報」です。

犯人がどのあたりに住んでいるのかがわかれば、捜査のひとつの手がかりとなりますし、また、連続犯罪の犯人が次にどこで犯罪を行うのかの予測が可能であれば、あらかじめ、待ち伏せして犯人を検挙することや、防犯を強化して犯罪を未然に防ぐことも可能になります。これは、連続放火や連続レイプなどの犯罪ではとくに有効に使えると思われます。

一　犯人の居住地の推定

サークル仮説——拠点モデルと通勤モデル

地理的プロファイリングに関する本格的な研究も、カンターによって始められました。彼はまず、犯罪者の居住地と犯行地点の関係についての二つのモデルについて比較検討しました。「拠点（marauder）モデル」と「通勤（commuter）モデル」です。拠点モデルは、犯人は自宅を中心とした一定の半径の円の内で犯罪を行うという仮説です。自宅から離れると「土地鑑」がなくなってしまうからです。通勤モデルは、犯人は、犯行地点から離れた場所から移動してきて、一定の範囲のなかで犯罪を行うというモデルです。通勤モデルの場合、犯人は、犯行の現場にあたかも通勤するかのように移動して犯罪を犯していることになります。これらのモデルの模式図を図３－１にあげます。

カンターらはこの二つのモデルのどちらが正しいかを検討するために、四五シリーズ（一人の犯人による複数の犯罪系列を一シリーズといいます）の性犯罪二五一事件を対象にして研究を行いました。彼は、それぞれの犯人によって行われた連続犯行を地図上にプロットし、もっとも離れた二つの犯行地点のあいだの距離と、犯人の居住地ともっとも離れた犯行地点の距離を測定し、前者の距離を横軸に、後者の距離を縦軸にとって、

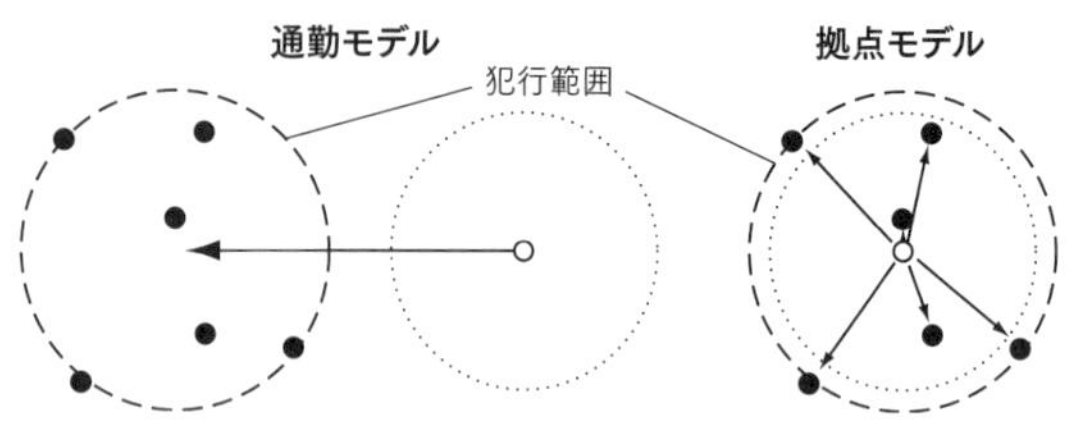

図3－1　犯行場所と犯人の居住地に関する通勤モデルと拠点モデルの模式図
●が犯行場所、○が居住地を示す。

プロットしてみました。対角線は、これらの距離が同じであることを示しています（図3－2）。

もし、通勤モデルが正しいならば、後者の距離のほうが長くなるので、プロットは、対角線の上側にくるはずです。また、拠点モデルが正しいのであれば、前者の距離のほうが短くなるので、事件のプロットは対角線の下側にくるは

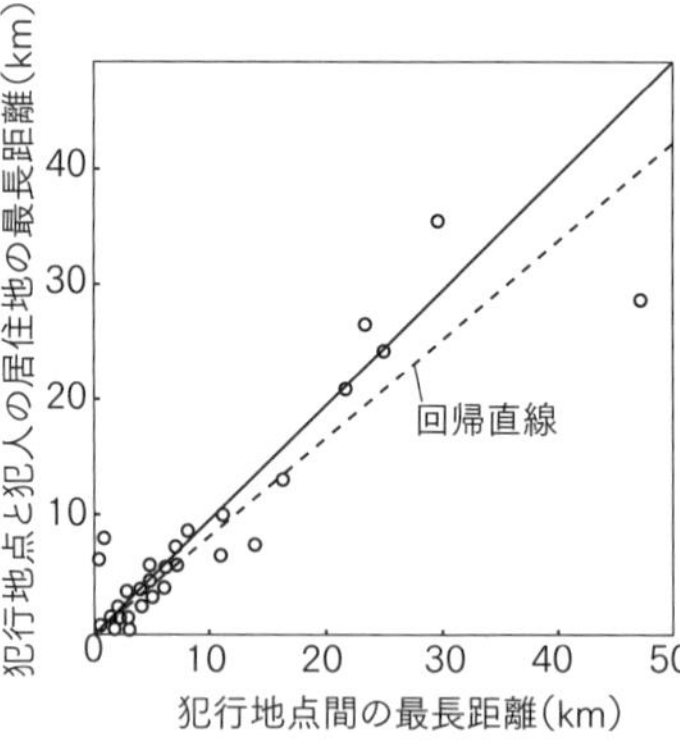

図3－2　カンターによる拠点モデルと通勤モデルの比較検討
○がそれぞれの犯罪シリーズを示す。
Canter & Larkin, 1993, Figure 3 を参考に作成。

ずです。結果を見てみると、いくつかの点は、上側にありますが、全体的には下側の点が多く、また、これらの点を結ぶ回帰直線を算出してみると、傾きは、１以下になることがわかりました。実際には、対角線の上と下の両方にプロットがあるわけですから、通勤モデルにしたがう「通勤型」の犯人も、拠点モデルにしたがう「拠点型」の犯人もいることになりますが、この結果を見ると、拠点型の犯人のほうが相対的には多いことがわかります。

そこで、カンターは、拠点モデルにしたがって「ある一連の犯行があった場合、その犯行のうち、もっとも離れた二点を結んだ円のなかに犯人の居住地（あるいは活動拠点）がある」という犯人の居住地決定のためのルールを定式化しました。これを「サークル仮説（circle hypothesis）」といいます。犯人が住んでいる範囲がわかれば、捜査の範囲を絞っていくことができますので、この仮説は犯罪捜査に有効な情報となる可能性をもっています。

連続放火の地理的プロファイリング

さて、地理的プロファイリングはさまざまな連続犯罪に適用できると思われますが、とくに連続放火事件捜査への適用が期待されています。連続放火は財産的人的被害が大きいばかりでなく、地域住民に大きな不安をもたらす凶悪犯罪ですが、犯人検挙はなかなか困難です。被害者—加害者間関係がない事件も多く、また、証拠は焼失してしまうことが多いので犯人検挙のためには、現行犯逮捕か犯行に及ぼうとしている容疑者を職務質問などで見つけるなどの方法しかとれないからです。もし、犯人の居住地がある程度推定できれば、犯人を見つけやすくなるはずです。

そこで、科学警察研究所の鈴木らは、一九八九年から一九九五年までに東京都、神奈川県、埼玉県、千葉県、大阪府で発生した一〇七シリーズの連続（五件以上）放火事件とその犯人の居住地のデータについて分析を行い、サークル仮説が適用できるのかについて検討しました。その結果、全体の七二％のデータが仮説にあてはまることがわかりました。

これは大都市圏のデータですが、地方都市ではどうでしょうか。福島県で発生した連続放火事件のデータでこの問題を検討したのが、福島県警の三本と深田です。この研究では七一・四％でサークル仮説に合致した結果が得られました。また、日本大学の羽生は一九八八年から一九九七年までに一一都道府県で発生した三カ所以上の連続放火事件三七シリーズで犯人の居住地がサークル仮説にあてはまったケースが七五・七％であるというデータを報告しています。いずれの研究でもサークル仮説が七割程度はあてはまるということが示されています。

二　地理的ターゲッティング

サークル仮説では範囲が広すぎる

サークル仮説は、比較的わかりやすい理論ですが、問題点もあります。それは犯人の居住地として推定する範囲がきわめて広いものになってしまうということです。たとえばある犯人が、東京都大田区と千代田区で犯罪を犯したとすると、犯人の住んでいる範囲は東京二三区のほぼ半分という推定になってしまいます。これでは現実問題として、推定できているということにはならないでしょう。また、この程度の推測なら別になにも予備知識がなくてもだれでもできるような推測と変わりません。

そこで犯人の居住地情報について、より絞った推定ができればよいことになります。「犯人はここに住んでいる！」とピンポイントの推定ができれば、ベストでしょう。ではどのように推定すればよいでしょうか。

円中心仮説と重心仮説

ひとつの考えは、サークル仮説で考えられた円の中心あたりに犯人が住んでいるというものです。円の中心部分は、各犯行地点への移動がもっとも効率的にできる点だからです。この考え方にもとづいた説が「円中心仮説」と「重心仮説」です。円中心仮説は、カンターの方法で描かれたサークル（もっとも遠い犯行地点を直径とする円）の円心部分に犯人の居住地があるというモデルです。重心仮説は、円の重心、つまり「各犯行地点とある点を結ぶ線の長さ（あるいはその二乗和）がもっとも短い点」が犯人の居住地であると推定するモデルです。重心仮説はイギリスで発生した「ヨークシャー切り裂き魔事件」〔ピーター・サトクリフ（Peter Sutcliff）により売春婦など一三名が殺害された事件〕の捜査の過程で使用されたといわれています。

実質的には多くの場合、円の中心も重心もだいたい同じ場所になります。なお、カンターは、円中心仮説も重心仮説もとりませんでした。図3‐2で、もし犯人の居住地が円の中心にあるとすれば、回帰直線の傾きは0・5になることが予測されますが、実際には0・8だったからです。これは中心というよりも円周のそばに犯人の居住地があるということを意味しています。

最近の事件をひとつ例にとって、犯罪現場と犯人の居住地の関連を見てみましょう。二〇〇二年一〇月にアメリカ・ワシントンDCを中心にメリーランド州とバージニア州にまたがって起きた狙撃事件です。この事件は「ワシントン環状道路狙撃事件（Beltway sniper attacks）」と呼ばれています（実際には犯行は環状道路沿いでなく国道九五号線に沿って行われたので正確には「国道九五号線狙撃事件」です）。この事件では、アレン・ムハマド（Allen Muhammad）とリー・マルボ（Lee Boyd Malvo）という二人の犯人が、狙撃用ライフル「ブッシュマスターXM‐15」・223口径を使ってガソリンスタンドで給油をしていた人、ショッピングセンターの駐車場にいた人、郵便局から出てきた人などを無差別に撃ち、一〇名以上が殺されました。犯人は遠距離から一発の銃弾で被害者の頭や胸を確実に狙撃していました。この事件によって、この地域に住む多くの人びとは日々恐怖におびえ、学校では屋外活動が中止になり、ショッピングセンターから人が消えました。幸いなことに犯人は直前に起こしていた別の事件との関連で一〇月二三日に逮捕されました。

この狙撃事件が発生した地点を図3‐3に示します。また、犯人が最後に居住していたメリーランド州クリントンも同様に示します。各犯行地の重心の近くに犯人の居住地があるのがわかると思います。

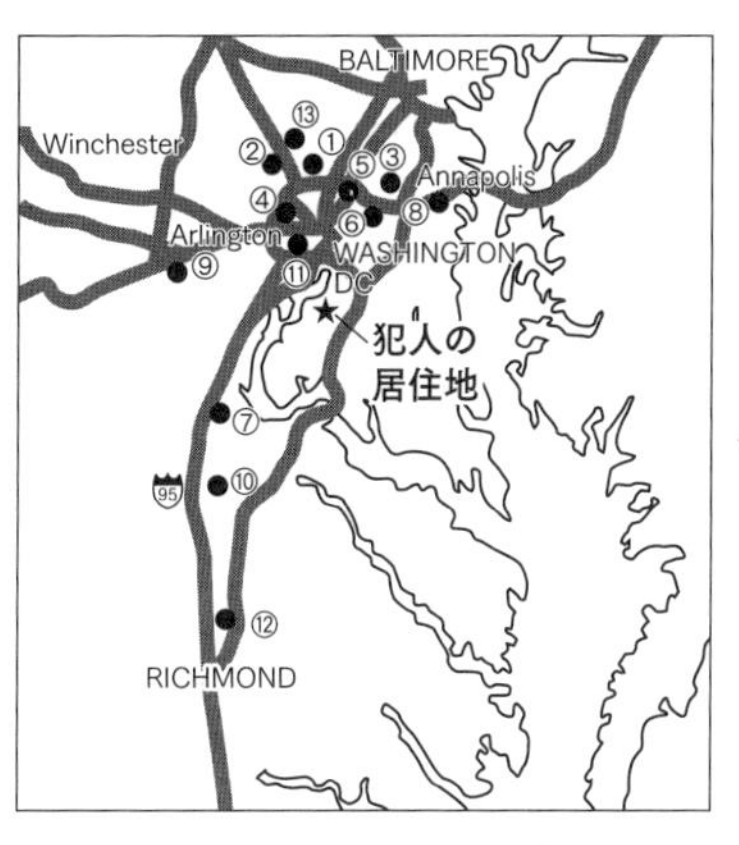

図3‐3　ワシントン環状道路狙撃事件における犯人の居住地と犯行現場
番号は、事件発生順。

連続放火事件の犯人の居住地推定——通勤型と拠点型

科学警察研究所の鈴木らは、さきほどあげた連続放火のデータで、円中心仮説を用いて犯人の居住地を推定できるかどうかを検討しています。その結果、五六％の犯罪で犯人の居住地が円の中心位置から、一キロメートルの地点にあることがわかりました。これは、この仮説を使用するとかなり的確に犯人の居住地を推定できることを意味しています。ただし、設定された円の直径が一〜五キロメートルの場合、この予測は比較的正確なのですが、円の直径が五キロメートルを超えると予測精度は急激に低下することもわかりました。同様の現象は羽生も示しています。彼の研究では、一般に犯行地点の分布が広がるにつれて、犯行地点の重心が犯人の居住地から離れることが示されています。

また、福島県警察の三本と深田は、重心仮説による地理的プロファイリングが可能かどうかを、既決の連続放火犯人一一四名のデータを用いて検討しています。その結果、「犯行地点と重心を結ぶ平均距離（一一八三メートル）」と「犯行地点と犯人の居住地の平均距離（二四九二メートル）」は、大きく食い違うものでした。もし、重心仮説が正しければ、これらの距離は等しくなるはずですから、残念ながらこの結果は、犯人の居住地推定に重心仮説は適用できないことを意味します。

ところが、三本らが分析に使用したデータのなかから、通勤型の犯人のデータを除外して分析したところ、「犯行地点—重心間距離（平均一三六七メートル）」と、「犯行地点

—居住地間距離（平均一六〇七メートル）」はほぼ同じになりました。これは、犯人が拠点型の行動をとるのであれば、重心仮説は有効だということです。おそらく鈴木らの研究でも、モデルがうまく適用できたのは、拠点型の犯人が多かったからだと思われます。

問題なのは、ある連続放火事件が起こっているあいだは、それが拠点型の犯人によるものなのか、通勤型の犯人によるものなのかがわからないという点です。三本らの研究では、犯人が捕まったあとでデータを分析したので、「通勤型を除外した分析」をすることができたわけですが、実際の事件の犯人の居住地を推定する場合には、その犯人が通勤型か拠点型かわからないと、重心モデルを適用してよいか判断できないことになります。

三　通勤型か拠点型かを推定する

放火犯人の行動特性からの推定

そこで、犯人の行動パターンから、犯人が通勤型なのか、それとも拠点型なのかを推定できないのかということが次の研究のテーマになってきます。

三本は、連続放火の犯罪現場の時間的空間的パターンが、犯人が通勤型なのか拠点型なのかを判別するためのひとつの手がかりになることを示しています。通勤型タイプは拠点型にくらべて連続犯行の範囲が狭いのです。これは通勤型の犯人の場合、土地鑑がないために広い範囲の活動がしにくいと考えると理解可能です。ただし、短期間で連続して発生する放火の場合には連続犯行の範囲が狭くても拠点型のケースもありました。したがって、長期間にわたる放火で狭い範囲で火災が起きている場合には通勤型、その他のケースでは拠点型という推定ができる可能性があります。

鈴木らのデータでは、さきにも述べたとおり、犯行地点を結ぶ円の直径が一〜五キロメートルの場合には、円中心仮説でうまく推定できたわけですが、これは逆に考えれば、このような場合、犯人は拠点型の行動をとっているということができます。そして、犯行地点を結ぶ円の直径がこれ以下だったりこれ以上だったりした場合には、通勤型の可能性を考えるべきだということになるでしょう。

また、バイクや車、そのカバーなどに放火を行う犯人は、サークル仮説に合致した位置に居住していることが多いけれども、放火に付随して窃盗や下着盗などを行っている犯人は、サークル仮説に合致しないケースが四〇%近く存在することや、犯行が長期にわたって起きている事件の場合にはサークル仮説があてはまりやすいけれども、短期間のうちに連続して起きる場合にはサークル仮説はあてはまりにくいということなども示されています。これらのケースでは、犯人は拠点型でなく、通勤型だと考えられます。

以上のことから、連続放火が起きた場合、その特徴を調査し、表3-1のような特徴

表3-1　日本における連続放火事件で犯人が拠点型の場合の犯行状況

・もっとも離れた犯行地点を結ぶ円の直径が1～5 km
・犯行時期が比較的長期にわたるもの
・バイクや車のカバーに放火を行っている
・放火に付随して窃盗や下着盗を行っていない

をもっていれば拠点型だと判断し、円中心、重心仮説にしたがって犯人の居住地を推定するという手法が有効であることがわかります。

犯人の行動や属性からの推定——オーストラリアの研究

海外の研究では、オーストラリア・ニューイングランド大学のミーネイ（R. Meaney）がシドニーにおける警察データを対象に分析を行っています。対象になったのは、八三シリーズ四一〇件の連続侵入窃盗事件、三二シリーズ八八件の連続性犯罪、二一シリーズ六四件の連続放火事件でした。

これらの犯罪者についてその居住地と犯行地点のデータを分析し、拠点型か通勤型かに分類しました。この結果を犯人の属性によって集計したのが表3-2です。これを見ると、放火や性犯罪では圧倒的に拠点型が多いのですが、侵入窃盗では通勤型が多く、罪種と犯人の行動パターンには密接な関係があることがわかります。放火の九〇％が拠点型というデータはわが国よりも多くなっています。また、犯人の性別や犯罪を行った地域など、そして犯行時に飲酒していたかどうかといった変数も拠点型か通勤型かという変数と密接な

表3－2　犯行・犯人属性と拠点型・通勤型の関係

変数	拠点型（n＝78）	通勤型（n＝58）
侵入窃盗	35	65
放火	90	10
性犯罪	93	7
男性	55	45
女性	73	27
都市部	67	33
郊外	49	51
成人	59	41
少年	50	50
犯行時飲酒	73	27
飲酒なし	53	47

Meaney, 2004, Table. 1を参考に抜粋して作成。

関係があることがわかります。犯人が女性の場合や犯行時に飲酒していた場合拠点型の割合が多く、また都市部の犯罪では郊外の犯罪よりも拠点型が多いのです。これに対して犯人の人種などの要因は犯人の行動とは関連が見られませんでした。

この結果は、もし、目撃証言などから犯人の性別や年齢がわかれば、犯人が拠点型か通勤型かを判断できる可能性を示しています。これは、犯人の居住地推定をする場合には有用な知識です。そこで、ミーネイは罪種や犯人の性別、年齢、犯行地点が都市か郊外かなどの情報から、犯人が拠点型の行動をしているか、通勤型の行動をしているかを予測する式を「ロジスティック回帰分析」を用いて作成しました（ロジスティック回帰分析については第4章で説明します）。その結果、通勤型の八六%、拠点型の七四%を正しく識別することができました。

メルボルン大学のブランカ（P. Branca）は、連続強盗事件を対象にして研究を行っています。彼は、オーストラリアのメルボルンで発生した二八シリーズ二四〇件の連続強盗事件を分析しました。犯人の平均年齢は三一歳でした。

犯行の場所と犯人の居住地の関係を分析したところ、一二のシリーズ――全体の四三％――が拠点型の犯行であることがわかりました。問題は拠点型の犯行を行った犯人と、通勤型の犯行を行った犯人で犯行形態が異なるかどうかです。

犯行のさまざまな要素を分析したところ、どのような対象を狙うかによって拠点型か通勤型かが異なることがわかりました。コンビニエンスストアやガソリンスタンドに対する強盗では通勤型が、道を歩いている人に対する路上強盗では拠点型が多かったのです。さらに、凶器によっても分類ができる可能性が示されました。たとえば犯人が銃を使用した場合では、通勤型か拠点型かを区別することは難しいのですが（比率は同じ程度）、ナイフを使用した場合には通勤型であることが多いことがわかりました。このように犯罪者の行動パターンが罪種ごとに異なることがわかれば、より精密にモデルを適用することが可能になると思われます。

四　コールサック（暗黒星雲）効果とバッファーゾーン

犯罪者の地理的な行動パターンにはもうひとつおもしろい特性があります。それは、「犯人は自宅のすぐそばでは犯罪は行わず、離れるほど犯罪を行いやすくなる」というものです。家の前で犯罪をすれば、自分のことを知っている人も多くいるので、即座にばれてしまう可能性があります。そこで、犯人は発覚や検挙を防ぐためにできるだけ家から離れた場所で犯行を行うだろうというのです。

犯人が自宅の周辺では犯罪を行わない現象は、ニュートン（M. B. Newton）によって「コールサック（暗黒星雲）効果（coalsack effect）」と名付けられています。犯行が行われにくい自宅周辺のことは「バッファーゾーン（buffer zone）」と呼ばれます。さきほどあげたワシントン環状道路狙撃事件でも犯人の居住地のすぐそばでは犯行は起きていません。

最適距離

さて、拠点型の犯人の行動は、自宅から遠く離れるほどいわゆる「土地鑑」がなくなるため、犯罪の可能性も減少し、その結果として、犯罪は自宅を中心として一定の半径

の円内で発生するというものでしたから、これらの説を統合すると、

　犯行が起きやすい場所は犯人の自宅を中心にし、そこから一定の距離のドーナツ状の円環になる

と考えられます。この距離を「最適距離」ということにします。

この現象を確認したのは、警察官のキム・ロスモ（D. K. Rossmo）です。彼は、バンクーバーの連続強姦犯人であるジョン・ホートン（John H. Oughton）の七九件の犯行を分析し、多項式で近似させたところ、図3-4のような関数が得られたと報告しています。この図を見ると犯行は、自宅から一〇～一五キロメートルの地点でもっとも多く起きており、それよりも距離が遠くなっても近くなっても犯行数は減少していくことが示されています。この図を上から見ると犯行地点は自宅を中心とした一定の距離のドーナツ状の範囲に分布していることにな

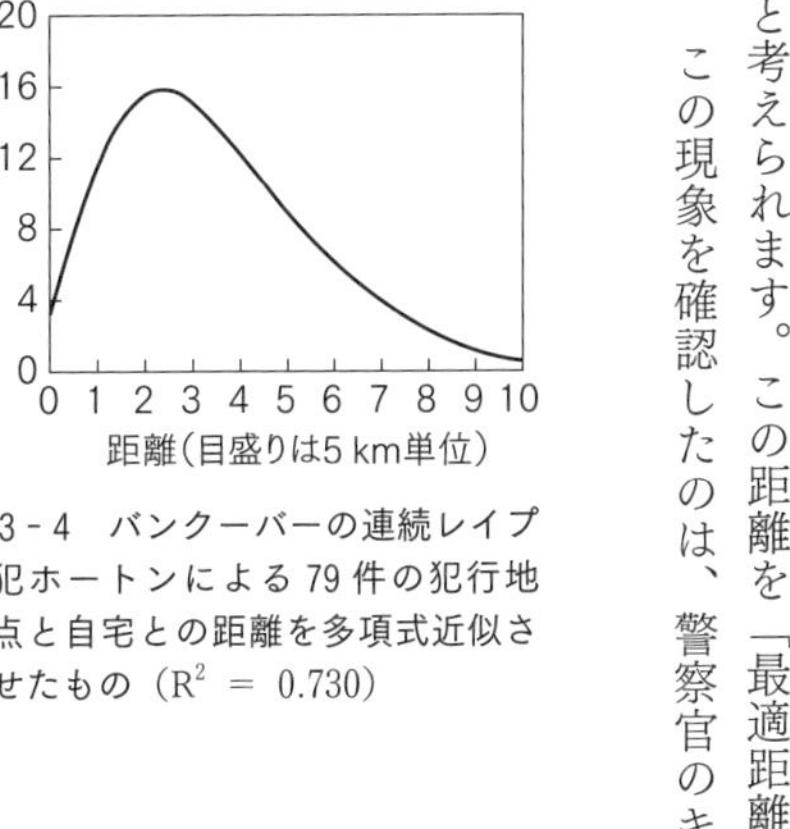

図3-4　バンクーバーの連続レイプ犯ホートンによる79件の犯行地点と自宅との距離を多項式近似させたもの（R^2 = 0.730）

ります。このようなドーナツ状の犯行地点分布は、連続性犯罪や連続殺人などでは生じやすいことが知られています。これに対して、放火犯罪や計画性のない傷害事件（腹が立ってのケンカなど）ではバッファーゾーンが見られにくいということも指摘されています。

バッファーゾーンの個人差

ウォレン（J. Warren）らは、アメリカの連続レイプ犯一〇八名の五六五件のレイプ事件のデータをもとに分析を行いました。これらの犯罪について、犯行地点と加害者の自宅の距離を横軸に、頻度を縦軸にとってみると図3-5（上）のようになりました。自宅周辺で若干の減少が見られ、コールサック効果が存在するのがわかります。

しかしもっと興味深いのは、このデータを次のように分析したときです。対象となった犯人のうちで、五件以上のレイプを行っている犯人を抽出します。次に、それらのレイプ事件の犯人の家と犯行地点の距離を、犯人の家と犯行地点の平均距離で割りました。この値をもとにしてグラフを書いたところ、図3-5（下）のようになりました。コールサック効果がよりはっきりしてくることがわかると思います。

この結果は、コールサック効果でバッファーゾーンになる地域の距離は、犯人ごとで異なること、また、コールサック効果の幅は犯人の活動範囲が大きいと大きくなり、小さければ小さくなるということを示しています。犯人ごとにコールサック効果の範囲が異なってくるという現象は、日本でも年少者を対象とした連続レイプ事件について分析した渡邉らによって示されています。

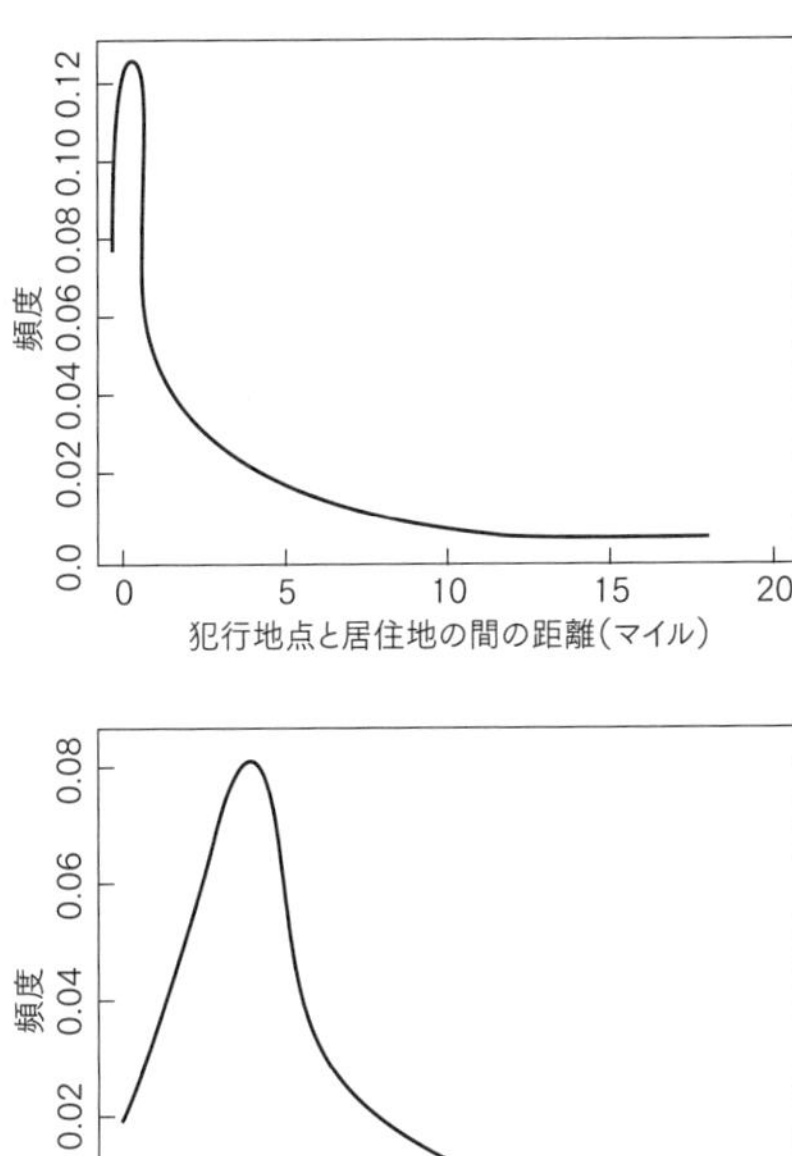

図3-5　ウォレンによる連続レイプ犯のコールサック効果

Warren, et al., 1998, Figure 1, 2 を参考に作成。

五　犯行地点の決定

犯行地点とはどこか

サークル仮説でも重心仮説でも、それらの仮説をある事件に適用しようとすると、ひとつの問題が生じます。それは、犯行地点としてどの地点をプロットすべきかということです。

これはたとえば、地理的なプロファイリングを適用しやすい犯罪である連続放火の場合は比較的単純です。火災が起きた場所が犯行地点だからです。ところが連続殺人事件や、連続レイプ事件では、犯行地点がひとつとは限りません。たとえば、犯人が被害者に接触した場所、実際に殺害行為やレイプ行為が行われた場所、そして、死体が遺棄された場所、いずれも犯行地点であるからです。

では、犯人の居住地推定を行う場合、どの位置を犯行地点として用いればよいのでしょうか。ロスモは自らの博士論文のなかでこの問題を検討しています。彼は、地理的ターゲッティングによって予測される犯人の予測居住地から周辺部に向かって、犯人の居住地を探索していった場合、犯人の活動領域（狩猟エリア）の何%を探索したところで本当の犯人の自宅に行きあたるかを、算出してみました。これを「ヒットスコア率（hit

表3－3　連続殺人犯の犯行地点と地理的ターゲッティングによる居住地推定の正確度（数字は、ヒットスコア率）

連続殺人犯	接触地点	死体遺棄地点	全犯行地点
チェイス		1.7%	1.1%
オルソン	3.0%	12.5%	1.3%
ブオーノとビアンキ	9.4%	9.2%	6.3%
コリンズ	1.1%	23.8%	1.2%
ウォルノス	5.4%	3.8%	10.8%
ブルドス	2.2%		2.9%
平均	4.2%	10.2%	3.9%

Rossmo, 2000 をもとに作成。

score%)」と呼びました。この数値が小さいほど、推定が正確だということを意味しています（表3－3）。

たとえば、さきにあげたリチャード・チェイスは、五件の殺害を行っており、その狩猟エリアは八平方キロメートルでした。この現場情報に地理的ターゲッティングを適用し、算出された優先度の高い位置から探索を始めた場合、最初の〇・一平方キロメートルの範囲の探索で犯人の自宅に行きあたります。これは0.1/8＝1.7％となり、ヒットスコア率は一・七％となります。チェイスは理論から予想されるほぼその場所に居住していたのです。

ロスモは、被害者との「接触地点（PEF：the point at which the victim is first encountered）」と「死体遺棄地点（BD：the site where the victim's body is dumped）」のどちらで犯人の居住地を推定したほうが、犯人の居住地を正確に推定できるのかを検討したところ、接触地点のほうが正確だということがわかりました。これは、地理的プロファイリングを行う際には、犯行地点として死体遺棄地点よりも被害者と犯人の接触地点を用いたほうがよいということを示しています。これは、一部の犯罪者では、死体遺棄地点からの予測が低下するものがいたためです。おそらく、接触地点については拠点型、死体遺棄については通勤型のような行動をとる犯人がいるためだと思われます。しかし、もっともよい推定ができるのは、接触地点のデータも死体遺棄地点のデータもすべて用いる方法でした。

最初の現場は犯人の居住地に近いのか

ロスモのモデルでは、どこの場所で事件が起こったかという空間情報が犯人の居住地推定に有用であることが示されました。これに加えて犯行の時間情報、つまり、いくつかの事件がどのような順序で生じているのかの情報を分析に加えることによって、犯人の居住地推定の精度を向上させることができるかもしれません。

たとえば『羊たちの沈黙』では、レクター博士が連続殺人の犯人が、一番最初の事件現場付近に住んでいる可能性について指摘する場面があります。この現象は多くの研究者が指摘している点でもあります。最初の犯行は、ある意味で突発的であることが多く、十分な計画もないために犯人の家の近くで起きると思われるからです。では、この現象は実証されているのでしょうか。

バーカー（M. Barker）はイギリス南部の小さな町で発生した三二シリーズの連続窃盗事件について、その最初の五つの事件を分析したところ、最初の事件は家から二・八二キロメートルのところで発生していましたが、二〜五回目はそれぞれ、三・九六、四・〇五、三・二六、三・五九キロメートル離れていました。二回目以上になると傾向は現れないのですが、少なくとも第一回目の事件現場はもっとも自宅に近いということを示しています。

ミーネイはオーストラリアで発生した連続強盗事件、放火事件、侵入強盗事件で、この現象を検討しました。その結果、一連の事件の最初の事件ともっとも新しい事件では、最初の事件のほうが犯人の自宅に近いということがわかりました（表3-4）。

ところが、このような傾向を見いだしていない研究もいくつかあります。たとえば、ウォレンは、アメリカの連続レイプ事件一〇八シリーズ、五六五事件を対象にしてこのような現象が見られるのかを検討してみました。その結果一八％の事件が、最初の犯行地点が犯人の自宅にもっとも近い位置で

表3-4　連続犯罪の最初の事件と最後の事件における犯行地点と犯人の居住地の関係（単位km）

	最初の事件	最後の事件
侵入窃盗	10.70（22.85）	14.78（25.77）
放火	3.30（6.08）	4.37（6.47）
性犯罪	1.80（3.21）	5.25（13.82）

Meaney, Table. 6をもとに作成。括弧内はSD。

生じていたことがわかりました。しかし、この割合は、偶然のレベルとそれほど異なるものではありませんでした。

また、グッドウィル（A. M. Goodwill）とアリソンは、連続侵入窃盗、連続殺人、連続レイプ事件を分析し、それぞれの事件で、最初の事件が犯人の自宅に一番近かった割合を算出しています。その結果、連続殺人で三〇％、連続レイプで一五％、連続侵入窃盗で一二％程度でした。この結果は、連続殺人で若干その傾向はありますが、ほかの罪種では、このような傾向は現れないことを意味しています。

実際、連続殺人犯人でもこの傾向にあてはまらない犯人を見つけるのは容易です。たとえば、一九七五年から一九七七年にかけて一三名を殺害し七名を殺そうとしたヨークシャーリッパーことピーター・サトクリフの犯行パターンを見てみると、最初の犯罪が自宅の近くではなく、もっとも自宅に近い場所での犯罪は一二件目と一六件目と、むしろ後半の事件で、犯行ごとの自宅から犯行場所までの距離に特定の法則性は見られませんでした（表3－5、図3－6。ただし、彼の居住地は、重心仮説にあてはまっていました）。

したがって、最初の犯行地点が自宅に近いという仮説は必ずしも検証されているとはいえません。今後、どのようなケースでこの仮説が成り立ち、どのようなケースでは成り立たないのかが明らかになれば、犯人の居住地推定の精度を向上させることができる

表3-5　ピーター・サトクリフの連続犯行パターン

	日時	被害者	結果	冷却期間（日）	前の犯行地点からの距離（マイル）	自宅からの距離（マイル）
1	1975/7/5	Anna Rogulsky (34)	未遂			11
2	1975/8/15	Oliver Smelt (46)	未遂	41	15	7
3	1975/10/30	Wilma McCann (27)	既遂	76	23	18
4	1976/1/20	Emily Jackson (41)	既遂	82	1	18
5	1976/5/8	Marcella Claxton (20)	未遂	109	4	21
6	1977/2/5	Irene Richardson (28)	既遂	273	0	21
7	1977/4/23	Patricia Atkinson (33)	既遂	77	18	4
8	1977/6/26	Jayne MacDonald (16)	既遂	64	15	18
9	1977/7/10	Maureen Long (42)	未遂	14	14	5
10	1977/10/1	Jean Jordan (20)	既遂	83	34	34
11	1977/12/14	Maralyn Moore (25)	未遂	74	40	17
12	1978/1/21	Yvonne Pearson (21)	既遂	38	14	3
13	1978/1/31	Helen Rytka (18)	既遂	10	10	12
14	1978/5/17	Vera Millward (40)	既遂	106	24	33
15	1979/4/4	Josephine Whitaker (19)	既遂	322	24	13
16	1979/9/2	Barbara Leach (20)	既遂	151	11	3
17	1980/8/20	Marguerite Walls (47)	既遂	353	6	8
18	1980/9/24	Upadhya Bandara (34)	未遂	35	6	14
19	1980/11/5	Teresa Sykes (16)	未遂	42	14	12
20	1980/11/17	Jacqueline Hill (20)	既遂	12	16	14

Farrington & Lambert, 2000, Table. 9. 1をもとに作成。

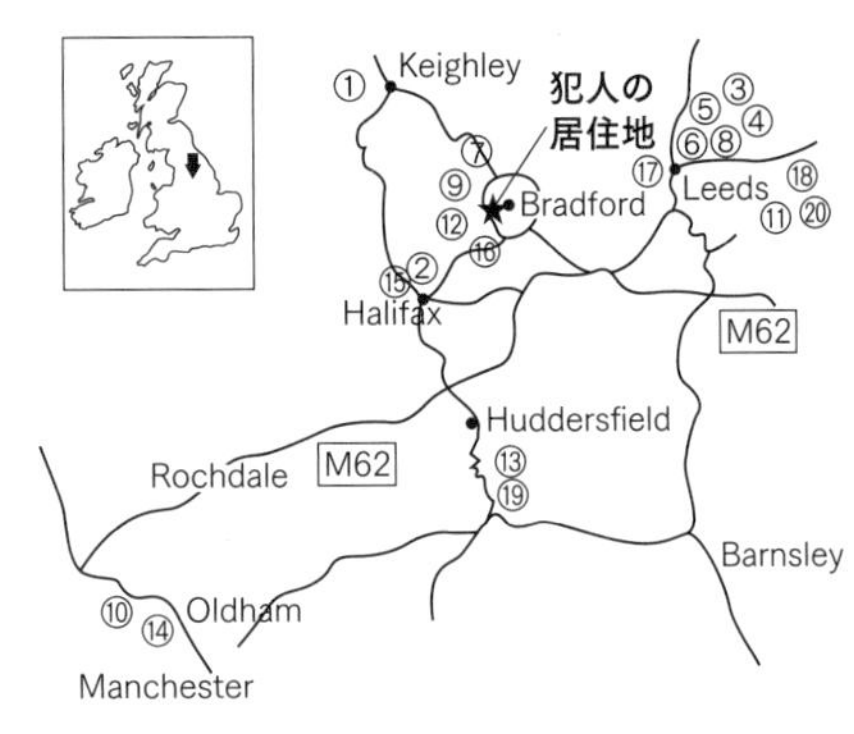

図３-６　ピーター・サトクリフの空間的犯行パターン
数字は犯行順序。

かもしれません。

連続殺人における遭遇地点と死体遺棄地点の比較

次に、犯行回数と犯罪現場の関係についてのゴッドウィンとカンターの研究を見てみましょう。この研究では、連続殺人事件について、被害者が犯人に出会った遭遇地点（ＰＥＦ）と、犯人が被害者の死体を遺棄した場所（ＢＤ）、犯人の居住地の関係についての分析が行われました。対象となったのは、一〇名以上を殺害した五四名のアメリカの連続殺人犯で、最初の一〇件の犯罪、合計五四〇名の被害者の事件データをもとに分析が行われました。

その結果、ＰＥＦはＢＤよりも犯人の居住地に近いということやＢＤにはコールサック効果が見られるがＰＥＦには見られないということがわかりました。さらに興味深いことにＰＥＦと犯人の居住地のあいだの距離は、犯行回数によらずほぼ一定なのに対して、ＢＤと居住地の距離は犯行を重ねるごとに次第に短くなっていくことがわかりました（図3－7）。

これは、同一犯人による殺人事件（これはリンク分析などによって明らかにします）によると思われる遺体が何体か発見された場合、古い事件よりも新しい事件の遺体のほうが犯人の自宅に近いということを意味しており、犯人を突き止める場合に有効に使用できる可能性があります。

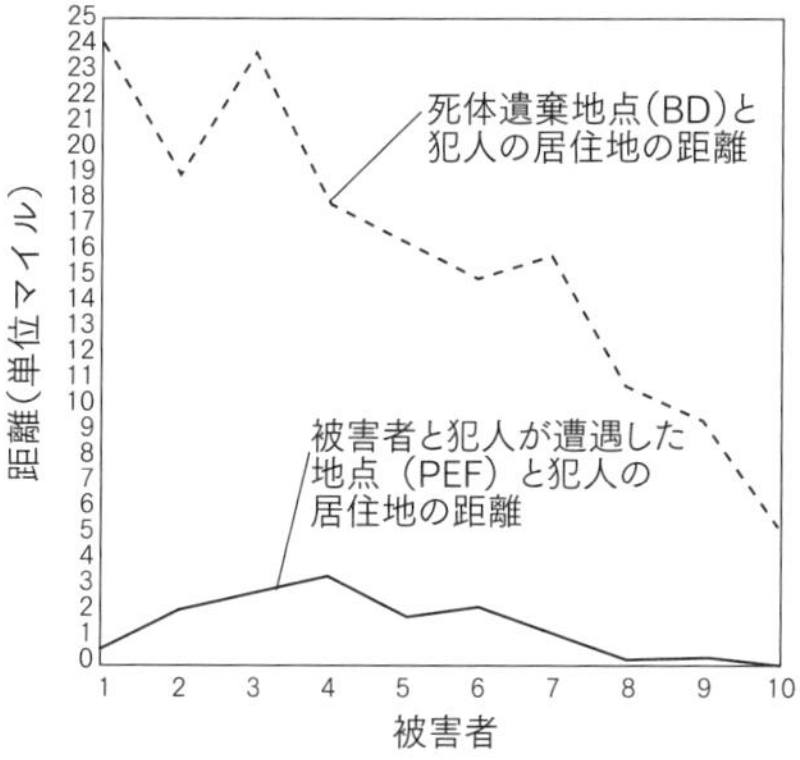

図3－7　ゴッドウィンとカンターによる連続殺人における BD と PEF の変化のグラフ
Godwin & Canter, 1977, Figure 2 を参考に作成。

ただし現実には、遺体はいつもは自宅の地下に埋めていましたが、埋めるスペースがなくなったため、別の場所に遺棄しはじめた連続殺人犯ジョン・ウェイン・ゲイシー（John Wayne Gacy）など、この法則にあてはまらないケースも存在します。また、実際の捜査場面では、同一犯によると思われる複数の遺体が発見された場合でも、どの遺体が早く死亡したものなのかを判断するのが難しいことも多いのが現実です。そのため、この法則を犯人の居住地推定に用いるためにはまだまだ研究が必要です。

六　連続犯罪の犯行地点決定

ここまで述べてきた地理的プロファイリングの研究は、犯人の居住地を推定するための技術でした。地理的プロファイリングのもうひとつの目的は、犯人が次に犯罪を行う場所を推定するというものです。次にこの研究について見てみましょう。この研究を行うためには、連続犯罪の時系列的なデータの分析が必要になってきます。つまり、連続犯罪における、前の犯罪と次の犯罪のあいだにはどのような関連があるのかをつかむ必要があります。

連続犯罪の犯行地点決定の過程

カンターとラーキンは、犯人が連続犯罪を行う場合、犯行地点の選定について次のような意志決定を行うのではないかと考えています。第一は、コールサック効果です。犯人は自宅から最適距離の地点で犯罪を行うというものです。これについてはすでに何回か述べました。第二に、ひとたびある地点で犯罪を行うと、その地域では警察や住民が警戒するようになるために、犯人にとっては犯罪をやりにくくなってしまう。そのため、

表3-6　連続窃盗犯人の最初の5つの犯行地点間と自宅の間の距離（km）

	第1犯行地	第2犯行地	第3犯行地	第4犯行地	第5犯行地
自宅	2.82	3.96	4.05	3.26	3.56
第1犯行地		4.81	4.03	3.10	3.51
第2犯行地			4.47	4.15	5.10
第3犯行地				3.15	5.01
第4犯行地					3.72

次の犯罪はその地点でない別の地点で起こる。この別の地点とは、犯人の住居と最初の犯行地点を結ぶ方向とは別の方向（角度）で最適距離の点である、というものです。

このように考えると、犯人の住居と第一の犯罪現場を結ぶ点から次の犯罪現場を結ぶ角度がどのように変化するのかについてのパターンを読むことができれば、犯人の次の犯行地点を予測することができる可能性があります。

この研究を行ったのが、バーカーです。彼は、イギリス南部の小さな町で発生した三二シリーズの連続窃盗事件のデータをもとに最小空間分析（ＳＳＡ）を用いてこの問題を検討しました。

まず彼は、連続窃盗犯人の最初の五つの犯行地点を特定し、それぞれの犯行地点間、そして犯人の自宅と犯行地点間の距離を測定し、すべての犯罪について、その平均値を算出しました。表3－6がその結果です。この数値は、各犯行地点間の平均距離ですので、これをＳＳＡを使用して二次元マップ上に表現するのです。すると、各犯行地点間がどのような相対的な位置関

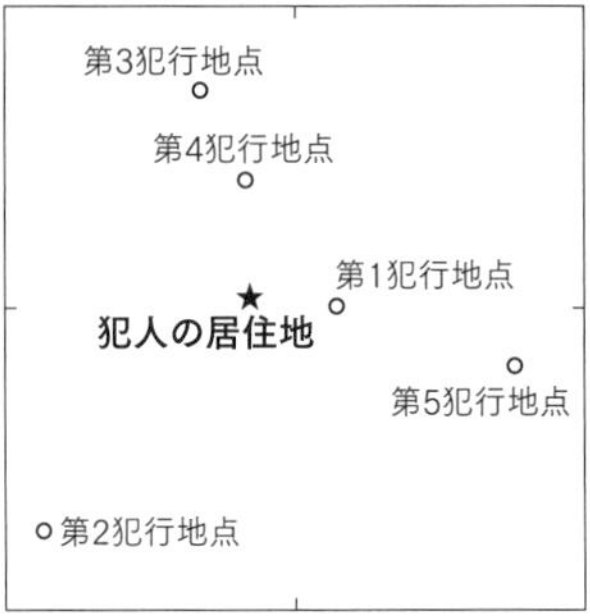

図3-8　バーカーによる連続窃盗犯人の最初の5つの犯行地点間距離と犯人の居住地のSSAプロット
Barker, 2000, Figure 3.2を参考に作成。

係になっているのかについて表現することができます。このようにして表現したのが図3-8です。この図は各地点と自宅の相対的な距離を表すものですから、上下左右の絶対的な方向はあまり意味をもっていませんが、各点のあいだの相対的な距離と方向は意味をもっています。

この図を見ると第一の犯行は自宅近くで行われており、第二の犯行は、カンターとラーキンの理論どおり、その反対の位置で行われていることがわかります。また、距離も比較的離れたところです。第三の犯行は第一、第二の犯行とも離れた場所で行われています。第四の犯行はなぜか第三の犯行と同じ方向でより近接した距離で行われていますが、第五の犯行は、第一、二、三、四の犯行と異なった方向で行われています。

連続犯罪の角度と距離の関係

次に、やはり次の犯行地点の予測に関するグッドウィルとアリソンの研究を紹介してみましょう。彼らは、五件以上の連続犯罪を行っている犯人の居住地と犯罪現場のデータを分析しました。また、彼らは、罪種による違いを分析しようと考え、対象となる事件として、連続殺人、連続レイプ、連続侵入窃盗事件の三種類の事件を選び出しました。対象にしたのは、最初の五つの事件です。

彼らはこのデータについて、次のような分析を行いました。まず、犯人の居住地と第一の犯行地点を線で結びます。次に同様にして犯人の居住地と第二の犯行地点を結び、このあいだの角度を測定します。続いて第二の犯行地点と犯人の居住地を結ぶ線と第三の犯行地点と居住地を結ぶ線のあいだの角度を測定します。以下同様にして第五の犯行地点までの角度を測ります（図3－9）。これらの角度は〇度から一八〇度までの値をとるはずです（一八〇度は正反対の位置を示します）。

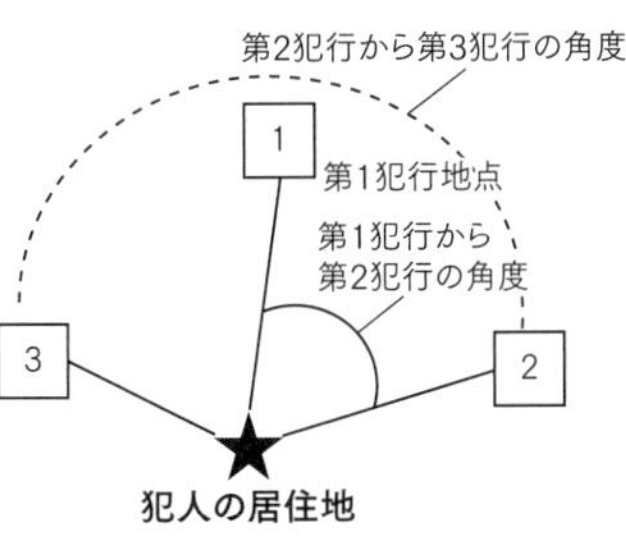

図3－9　グッドウィルとアリソンの犯行地点決定研究における角度測定の模式図

分析の結果、表3－7のようなデータが得られました。この表を見ると、犯行間の角度変化は罪種によって異なっていることがわかります。侵入窃盗では、三一度から六〇度が多いのに対し、レイプでは六一度から九〇度、殺人では九一度から一二〇度が

表 3 - 7　各種犯罪における犯行間の角度の出現頻度

犯行間の角度	侵入窃盗（n=30）	レイプ（n=41）	殺人（n=35）
1:　0-30	16.7%	2.4%	0.0%
2:　31-60	36.7%	19.5%	11.4%
3:　61-90	20.0%	43.9%	22.9%
4:　91-120	13.3%	22.0%	48.6%
5: 121-150	13.3%	9.8%	11.4%
6: 151-180	0.0%	2.4%	5.7%

Goodwill & Alison, 2005, Table. 4 をもとに作成。

表 3 - 8　それぞれの犯行間における犯行間角度の推移

	第 1 から第 2	第 2 から第 3	第 3 から第 4	第 4 から第 5	平均
殺人	3.23	3.20	3.57	3.11	3.28
レイプ	2.54	3.12	2.90	2.93	2.87
侵入窃盗	2.50	2.67	2.40	2.00	2.39

単位は角度を 30 度ごとのカテゴリーに分けてコード化したものの平均
Goodwill & Alison, 2005, Table. 3 をもとに作成。

多くなっています。

また、第一犯行から第二犯行、第二犯行から第三犯行と、犯行の進行にともなってこの角度がどのように変化しているのかを分類したのが表3 - 8です。ここで示されている数値は、〇度から三〇度までを1、三一度から六〇度までを2、六一度から九〇度までを3というように、三〇度ずつ区切って採点した値の平均値になっています。やはり連続殺人で角度が大きくなること、連続犯行を重ねても角度の変化は罪種が同じであればほぼ一貫していることがここから読み取れます。

バーカーの研究とグッドウィルらの研究の侵入窃盗犯のデータでは、結論が若干異なっている点に注意が必要です。バーカーの研究では、犯人はカンターらの予測のとおりに次の犯行を自宅に対して反対の方向で行うのに対して、グッドウィルらの研究では、六〇度程度の角度の位置で行うからです。

この差は、研究対象の犯罪者の特性によって生じたのかもしれませんし、研究対象都市の特性によって生じたのかもしれません。バーカーの研究の犯人は拠点型が多かったのに対し、グッドウィルらの研究の犯人は通勤型が多かった可能性もあります。これらの点については解決できていない問題も多くあり、今後研究が必要とされるところです。

プロファイリング研究が進めば、ある都市で連続して殺人事件が発生した場合、リンク分析によってそれらの殺人が同一犯人によるものなのかを判断し、その結果をもとに地理的プロファイリング技術によって犯人の居住地を推定し、その地点からどの角度で犯罪が行われてきたかの情報をもとにして、次の犯行地点を予測することができるようになるかもしれません。

＊地理的プロファイリングの展開＊

リヴァプール方式のプロファイリングと並んで、地理的プロファイリングの研究も現在のプロファイリング研究の主流となっています。この研究は、連続放火や連続窃盗、られていない問題は数多くあります。

連続性犯罪などの犯罪の捜査や防犯に大きな効果があると考えられます。地理的プロファイリングの研究もまだまだ始まったばかりであり、解明されていない問題や手のつけられていない問題は数多くあります。

犯人の行動パターンについての研究が行われているのはまだまだ限られた罪種ですし、犯罪を犯した犯人はどのような経路で逃走するのか、凶器や遺体をどこで処分するのか（逆に言えば、どこを探せば見つかるのか）などの問題にはほとんど手がつけられていません。また、サークル仮説では犯人の行動は空間的に制約されない、つまりどの方向へも容易に移動できるという前提で理論が立てられていましたが、このような条件が満たされるのは大都市部くらいで、現実的には鉄道路線や国道などによって、犯人の行動は制約を受けます（ワシントンの環状線殺人事件の犯人の地理的犯行パターンもドーナツ型というよりは国道九五号線に沿った涙型の分布をしていました）。このような状況での犯行のパターンはどのようになるのかについても、わかっていないことが多くあります。これらの問題については今後検討していくことが必要でしょう。

いままで、地理的プロファイリング研究が難しかったのは、地理情報の分析が難しかったからでもあります。しかし近年では、地理情報システムの進歩によって、コンピュータで地理情報を比較的容易に扱うことができるようになってきました。今後、ますます、応用可能性が広がっていくと思われます。

コラム　『交渉人』と行動からの嘘の見破り

サミュエル・L・ジャクソンとケビン・スペイシー主演の『交渉人（The Negotiator)』は、シカゴ市警察の人質交渉担当のベテラン刑事が主人公の映画です。主人公のダニー・ローマン刑事は人間観察力に優れており、登場人物の一人の嘘を難なく見破ります。彼が嘘の見破りの手がかりとして用いたのは、目の動きです。彼は、「人がなにか話した場合、目が右上に動いたとしたら、そこは脳のなかで想像を司る部分だから、その発言は嘘である」というルールを用いて嘘を見破ったといいます。また、彼は、このようにも話します。「目の動きだけじゃない。すべてがサインになる。せきばらいもくしゃみも腕を組むのもケツを掻くのも全部が嘘を見分けるめやすになるんだよ」。

しかし、本当にこのような行動の手がかりから嘘を見破ることはできるのでしょうか。この点に関して、いままで相当たくさんの研究が行われてきました。研究として取り上げられた手がかりも多数にのぼっています。視線、笑い、表情、表情の左右対称性、まばたき、手の動き、足の組み方、体の向き、話している最中の姿勢の変化、言いよどみ、言い間違い、話す速度、受け答えの反応時間、沈黙の時間、声の周波数などです。映画のせりふにあったせきばらいと腕を組むことについてはもちろん、「ケツを掻くこと」についても、嘘をつくと自分の体へのタッチが増加するのかという指標として研究されています。

どのように研究するのかといえば、ある内容について、意図的に嘘をつかせた人と本当のことを言わせた人の様子をビデオ撮影し、そこで動作や行動に違いが出るかを調べたり、彼らの発言をオーディオテープに録音し音声学的な特徴に差があるかを調べるのです。

しかし、残念ながら現在のところ嘘を見破ることができる行動上の指標は見つかっていません。嘘をついている人とついていない人で差が見られる行動はないのです。確かに研究によってはある指標が嘘をついたときに増加するということが示されています。たとえば、ある研究では、嘘をついた場合には言いよどみが増加するという結果が示されています。ところが別の研究では、その逆の結果、つまり嘘をついている場合のほうが言いよどみが少ないという結果が出ていたり、意味のある差が出ていなかったりします。そして、多くの研究をまとめてみると、結果的に差は見えなくなってしまうのです。したがって、『交渉人』の嘘見破りルールも必ずしも科学的根拠にもとづいたものとは言えません。

また、犯罪捜査に熟練して日ごろ嘘を見破っている捜査員は、そうでない素人にくらべれば嘘の見破り技術が優れているということがよく言われます。実際に、熟練した捜査員のなかには「俺は長いあいだ、容疑者の嘘を見破ってきた、だから、どんなやつでも俺をごまかすことはできない」と言う人もいます。これは本当でしょうか。

これを確かめる実験も簡単に行うことができます。右の研究で使用した嘘をついている人とついていない人のビデオやオーディオテープを視聴させて、それを識別できるのかをテストすればよいのです。この研究を行ったのが、デポール（B. M. DePaulo）とファイファー（R. L. Pfeifer）です。彼らはＦＢＩの熟練した捜査員とＦＢＩの新任の研修生を対象にして実験を行いました。その結果、驚くべきことに、この二つのグループには嘘見破り能力の差はまったくないことがわかったのです。それどころか、嘘か本当かの判断があたる率は両群とも五〇％程度で、まさに「あてずっぽう」と同じ確率でした。ただ、この種の研究のなかには、ある程度の嘘見破りの能力があるグループを見つけたというものもあります。たとえば、エクマン（P. Ekman）とオサリバン（M. O'Sullivan）は、シークレットサービスの捜査員を用いた実験で、彼らの嘘検出能力が偶然水準よりもかなり高いことを見いだしています。それでも、正答率は六四％であり、実用的な水準からは遠いのが現実でした。

　ただし、これらの研究はあくまでもビデオの刺激などを見ての受動的な嘘見破りの研究です。双方向的なコミュニケーションをとりながら、相手が嘘をついているのか、本当のことを言っているのかを識別させる研究はまだあまり行われていません。今後は、このような能動的な嘘見破りについての研究を進めていくことが必要となるでしょう。

第4章

犯人の危険性を推定する

一　ストーカーの四類型

ストーキングという犯罪

本章では、犯人の危険性の予測に関する問題について検討してみたいと思います。最初にストーキング犯罪について見てみましょう。最近、「ストーカー」あるいは「ストーキング」ということがしばしば話題になります。いわゆる悪質なつきまとい行為です。イメージはつきやすいのですが、いざ、この犯罪を取り締まろうとするとかなり困難です。犯罪かどうかの区別がつきにくいからです。

たとえば、ある男性がある女性を好きになり、毎日、登校時に家の前で待っていたとします。また、バラの花束を贈ったり、プレゼントを贈ったり、電話をかけたりしたとします。この行為は通常の恋愛アプローチです。ただし、この行為も受け取る女性によって意味が違ってきます。相手に好意をもっていれば、このようなアプローチはうれしいものでしょうが、相手に好意をもっていない、あるいは相手が嫌いな場合には気持ちが悪い行為ですし、たいへん迷惑な行為でもあります。断っても断っても、これらの行為がやまない場合には、精神的にも参ってしまいます。

しかし、これらの行為は外見的には犯罪には見えません。実際このようなケースでは、被害者の方が悩んで警察に行っても、警察官から「もてるんだからいいじゃない」などと言われて、なんの対策もしてもらえないことが現実には多くありました。

一方で、ストーキングにはこのような恋愛的なアプローチでなく、いやがらせ行為によるものもあります。具体的には、相手の家に何回もいたずら電話をする、ポストから手紙を盗む、家の前に犬のフンをまく、家のチャイムを鳴らして逃げる、家の近所に対象人物を非難するチラシを配布する、騒音で嫌がらせをするなどの行為です。ここで行われている行為は刑法をはじめ各種の法律に違反するもので、外見的にも犯罪を構成します。しかし、実際にはこのような犯罪も取り締まりにくいのが現実でした。なぜなら、これらの犯罪行為は、確かに法律には触れますが、犯人を逮捕したり、刑務所に送ったりするほど重いものではないからです。

しかしストーキング犯罪は、場合によっては殺人事件にまで発展する可能性がありま す。さんざんつきまとわれたあと、被害者が殺害されてしまったというケースが時どき報道されます。そのため、最近では警察もこの犯罪に関してさまざまな対応策を考えるようになってきましたし、ストーキングを取り締まるための法律もつくられています。

ストーカーの危険性の予測

このようなストーキング犯罪の対策において重要になってくることのひとつに、「危険性の予測」があります。警察は、本来はすべての犯罪を均等に全力で捜査し犯人を検挙していくことが求められるのですが、現実問題として、数多いストーキング犯罪のすべてに対応できるほど警察官は多くありません。たとえば被害者が、ストーカーから「殺してやる」という脅迫を受けている場合でも、脅されているすべての被害者に警察官のボディーガードをつけることはできないのです。

そこで、現状では、警察は事件の深刻性や危険性を見極めて、危険度が大きな被害者に重点的な対策をしていくことになります。従来、このような危険性の見極めは個々の捜査員が自らの経験をもとに行っていました。しかし、捜査員の経験は限られていますし、客観性にも欠けています。ストーカーについて警察に相談したものの、ろくに対処してもらえず、結果的にストーカーに殺害されてしまったという事件もあります。これは、警察が事件の危険性の見極めを誤ったことが原因です。実際にはたいへん危険な状況であり、すぐにでも犯人を検挙する必要があったにもかかわらず、それほどの危険性がないと判断してしまったのです。

そこで、なんらかの方法で、現在起きているストーキング犯罪が、どの程度危険なものなのか、今後暴力犯罪や殺人にまでエスカレートする可能性はあるのかについて、客観的に判断することができれば、この種の犯罪により効果的に立ち向かっていくことができるはずです。

ストーカーの分類

　では、ストーカーの危険性をどのように判断していけばよいでしょうか。最初にする必要があるのは、やはり、ストーキングという犯罪行為を分析し、どのようなタイプの犯罪があるのかを明確にすることでしょう。ひと口に「ストーキング」と言っても、そこにはさまざまな動機や犯行パターンがあるからです。

　ストーカーの分類の研究は、何人もの研究者が行っていますが、この研究のなかでもっとも有名なものとしてミューレン（P. E. Mullen）によるものがあります。ミューレンは裁判所の医師として多くのストーカーを面接、診断して、ストーカー行動の分類の枠組みをつくりました。

　ミューレンの分類では、ストーカーは五種類に分けられます。このうちの四種類に関して見てみましょう。「拒絶（rejected）型」「憎悪（resentful）型」「親密希求（intimacy seeking）型」「無資格（incompetent）型」です。最初の二つのタイプは、憎しみにもとづくストーキング行為で、残りの二つのタイプが愛情にもとづくストーキング行為です（残りの一種類は、「略奪（predatory）型」ですが、これはストーカーというよりもレイプ犯であったり、殺人犯だったりするので、ここではとりあげないことにします）。これらの分類について紹介しましょう。

●拒絶型ストーカー

「拒絶型」のストーカーは、元恋人、元交際相手、元妻などをストーキングするもので、そのきっかけは、相手からふられたことや別れを切り出されたことです。

このタイプのストーカーは、基本的には過剰依存タイプであり、かつ、自尊心が高いために、「別れたくない」「よりを戻したい」という感情と、自分のプライドが傷つけられたことに対する怒りや復讐の感情がともに表れてきます。前者の感情は別れを切り出されたことなどなかったことにするような、なれなれしい態度につながり、後者の感情は攻撃や嫌がらせにつながってきます。これらの両方の行動をとるのがこのタイプのストーカーです。

彼らは、よりを戻すのが困難であることがわかってくると、怒りや復讐の動機づけが中心になってきて、嫌がらせ行為を媒介にして自分と相手とのつながりを維持しようします。行動は執拗で、電話、手紙、尾行、つきまといなど手口の限りを尽くして対象に嫌がらせをしようとします。

●憎悪型ストーカー

「憎悪型」のストーカーは、ちょっとしたきっかけでその犯人を怒らせた人に対して執拗に嫌がらせを続けるタイプです。被害者には過失はほとんどないか、あるいは、まったくないことが多いのが特徴です。

このタイプのストーカーは、もともと不満が多く、怒りをため込むタイプの人物です。実際問題として生活や人生がうまくいっていないことも多くあります。このようなタイプの犯人が、なんらかのタイミングである人物に対して怒りを感じ、それをきっかけとして、自分の日ごろ感じている怒りをすべてその人物に対してはき出して嫌がらせをします。被害者は、たまたま加害者にぶつかってしまったとか、加害者の車に対してクラクションを鳴らしたとか、喫煙を注意したとかのきっかけで選ばれることや、自分よりもよい車に乗っているなどの加害者の自分勝手な判断基準によって選ばれることもあります。上司が部下を叱ったために部下からストーキングを受ける場合や、医師が患者に不親切にしたから患者が医師を狙ってストーキングを行う場合もあります。

この種のストーキングでは、被害者はなぜ自分が狙われるのか、誰が犯人であるかについて思いあたらないことが多くあります。また、ストーカー自身も被害者については、当初はそれほど知らないこともあります（ストーキングの過程で調べることはありません）。ストーカーが感じている怒りや憎しみはその人物に対するものであるよりは、「金持ち」「威張っているやつら」「自分を軽く見るやつら」などの「社会的カテゴリー」に対するものであることが多く、被害者は加害者によってそのカテゴリーの代表人物として選ばれているのです。つまり、犯人は、社会に対する不満をその人物にぶつけているのです。

●親密希求型ストーカー

「親密希求型」のストーカーの動機は恋愛感情です。ストーカー自身は対象者に強い愛情を感じており、対象者と一緒になりたい、恋人になりたいと思っています。そのため、ストーキング行為は、待ち伏せやつきまとい、贈り物などになります。

このタイプのストーカーの問題は、ターゲットが否定的な反応を見せようと、拒否しようとまったく動じないことです。その「動じなさ」はあまりにも不自然です。相手が「もうこないで」といったとしても、その言葉を「本当は自分のことを愛しているのだが、なんらかの理由で、こないでと言っているに過ぎない」と曲解してしまったり、つれないそぶりをするのを自分の気を引こうとしているからだと曲解してしまったりするのです。

このような思考をする背景には、精神疾患があることが多いと考えられています。ある種の妄想性の精神疾患によって、「相手と自分は運命の糸で結ばれている」とか「私たちは愛し合っている」という観念が頭のなかに生じてしまい、これを合理的な思考によって、否定することができなくなっているのです。このタイプの基本形は、異性間のロマンティックな関係を妄想してのことですが、同性間の恋愛、師弟関係、友人関係などでも生じることがあります。ミューレンは全体の三分の一のストーカーがこのタイプであると述べています。いわゆる「スターストーカー」、つまりタレントやスポーツ選手、有名人に対するストーカーもこのタイプであることが多いと考えられています。

●無資格型ストーカー

「無資格型」のストーカーをひと言で表せば、極度に自己中心的な人物ということになるでしょうか。このタイプのストーカーは、自分には自分の気を引いた相手と付き合う権利があり、相手は自分と付き合わなければならないと考えています。相手にも相手の生活や好みがあるということには無頓着です。

もとはといえば、恋愛感情が基礎となるものなので、アプローチは告白や贈り物、待ち伏せなどが中心となります。しかし、そもそも相手の気持ちを思いやった行動はしていないので、行動は的外れで、しつこく、相手がそれを拒否しても、その拒否の意味をそもそも理解しようとはしません。手紙などのロマンティックで回りくどい方法をとるよりも直接的な行動をとろうとします。

それぞれのタイプの危険度

ミューレンが次に行ったのは、ストーカーの四類型について、それぞれどの程度危険な行為をするのかを分析することでした。彼のグループは一四五名のストーカーを対象にして研究を行いました。このなかで、実際にターゲットに対して攻撃行動に出たのは

表4-1　ストーキングの類型と被害者への脅迫と暴力（数字は%）

	拒絶型	憎悪型	親密希求型	無資格型
被害者への脅迫	74	87	51	25
第三者への脅迫	47	42	41	8
被害者への暴行	59	29	24	21
器物破損	62	50	32	12

Mullen et al.,（1999）を参考に作成。ただし、略奪型のデータは省略。

三分の一でした。被害は殴る、突き飛ばすなどの暴行が多かったのですが、レイプを含む性的な襲撃も含まれていました。

これらのストーカーをタイプ別に分け、被害者への脅迫、第三者への脅迫、被害者への暴行、被害者のもち物を破損させる器物破損が発生した頻度について集計したのです。その結果は表4-1のようになりました。ストーカーのタイプによって、脅迫や暴行の頻度が大きく異なっていることがわかると思います（ちなみにタイプ別の行動傾向の違いは統計的にも有意です）。

●拒絶型の危険度

まず、危険度が高いのは圧倒的に拒絶型です。このタイプは、被害者を脅迫することもあるし、かつ、その脅迫が現実になる可能性がもっとも高いことがわかります。このタイプのストーキングの動機づけは、自分を捨てた相手に対する憎しみなので、ストーキング行為が暴力的になるのはわかりやすいと思います。

また、このタイプの犯人は、一定期間被害者と交際したことが多いので、相手の生活や行動パターン、好きなものや友人関係などを把握していることが多く、攻撃も効果的です。つまり、相手がなにをすれば、もっともダメージを受けるのかについて知っているのです。そのため、同じ脅迫、暴行、器物破損でも、ほかのタイプのそれらの行動よりも、被害者に与える影響は大きくなりがちです。

その一方で、一般にはこのタイプの危険性は過小評価される傾向にあります。なぜなら、元恋人や元夫（妻）とのトラブルはいわゆる「痴話げんか」としてカテゴリー化されてしまいやすいからです。以前は、このタイプのトラブルを警察にもち込んでも、「それは家庭内の問題だから警察は関与できない」と言われたり、「恋人同士の問題だからお互いよく話し合って」などと取り合ってくれないことが多かったのが現実です。

そもそも「お互いよく話し合って」解決できなくなったために警察に相談したのに、そのように言われて途方に暮れてしまう人が少なくありませんでした。いまでは警察の対応もかなり改善されていますが、まだまだ改善の余地は残っています。海外のケースでも日本のケースでも殺人事件に発展したストーキングのケースのほとんどはこの類型のものです。危険性が高いのに警察がその危険性の高さに十分な認識をもっていなかったため、十分な対応ができなかったのが原因です。

●憎悪型の危険度

次に憎悪型を見てみましょう。このタイプはそもそも、ストーキング行為自体が脅迫であることが多いので脅迫の率は高いのですが、興味深いのは、このタイプの犯人は被害者に対して直接攻撃を加える率はそれほど高くないということです。被害者の物は壊しても被害者自身を襲わないのがふつうです。その理由は、そもそも匿名状態のまま、被害者にばれないように嫌がらせをするのが典型的な行動パターンなので、直接的に被害者の前に姿を現すことはないからです。それでも、二九%という率はそれなりに高いので注意は必要です。

このタイプが危険になるのは、被害者に正体がばれてしまったあとではないかと考えられます。ばれてしまえば、もう「ばれる」心配はないわけですから、被害者の前に直接姿を現しても問題はないわけです。

●親密希求型の危険度

親密希求型はどうでしょうか。このタイプは、恋愛にもとづくものなので、被害者に対して暴力に出る可能性は少ないはずです。しかし、現実には二四%の犯人が暴行に及んでいます。どうしてなのでしょうか。これは、犯人が「二人は恋愛関係にある」という前提を固く信じて行動するにもかかわらず、被害者があまりにも拒否的な態度を続けるために、犯人自身が怒ってしまって、被害者を攻撃するのです。

また、このタイプは、被害者が自分と付き合うのを拒否しているのは、(相手は自分のことを愛しているのは間違いないと思っているので）相手の両親や、相手の交際相手・配偶者などによって妨害されているからだと考えることがあります。このような場合には、相手自身でなく、交際を妨害している（と犯人が勝手に思いこんだ）第三者に攻撃が向けられることもあります。

●無資格型の危険度

最後に無資格型ですが、このタイプはほかのタイプにくらべて特徴が少なく、行動を予測しにくいタイプです。その理由はいくつかありますが、おそらく、このタイプのなかにはいくつかのサブタイプが含まれているからだと思われます。

たとえば、対人関係や恋愛関係のスキルが発達していない単なる恋愛下手の人や、あるいは発達障害などのために相手の行動に対して柔軟に反応することができない人も、現象としてはこのタイプに入ってしまう可能性があります。ところが、これらのタイプのストーカーは、暴行などの行為に出ることはきわめて少なく、おそらくもっとも安全であると思われます。

これに対して、人格障害などの病的に自己中心的なパーソナリティをもっている場合には事態が変わってきます。この場合には、逆にもっとも危険なタイプになる可能性があります。このタイプの特徴として、被害者への脅迫の割合と実際の暴行の割合がほぼ等しいという点があります。ほかのタイプは、脅迫は暴行よりも高い割合で行われるのにこのタイプだけほぼ等しいのです。暴行に対しては多くの場合、脅迫が先行することが多く、これは、無資格型のストーカーが脅迫をした場合には、それが暴行などに結びつく可能性がほかのタイプよりも大きいということを意味します。一般に無資格型のストーカーの危険性はほかのタイプよりも小さいのですが、脅迫があった場合には注意が必要です。

二　ストーカーの危険性を推定する――ロジスティック回帰分析

ミューレンの分析は、ストーカーをタイプ分けして、その危険性を査定する方法でした。このように犯人を研究者がタイプに分けて、その行動を予測するという方法論は、プロファイリングで言えば、いわばＦＢＩ方式にあたるものといえるでしょう。

このようなアプローチは確かにおおざっぱな傾向をつかんだり、予測したりする場合には有用なのですが、限界も多くあります。実際には、同じタイプのストーカーであっても状況や犯人の属性によって危険性は異なってきますし、危ないと言っても、具体的にどの程度危ないのかがわかりにくいからです。そのため、タイプ以外のさまざまな要因によって、ストーカーの危険度がどう変化するのかを査定する研究が必要になってきます。

では、この予測はどのように行えばよいのでしょうか。ここでは、ローゼンフェルド(B. Rosenfeld)とハーモン(R. Harmon)による研究を見てみましょう。

ストーキングをする人

ローゼンフェルドとハーモンが研究対象にしたのは、一九九四年から一九九八年にニューヨークのベルビュー病院犯罪精神医学クリニックで扱ったストーカーのケース二〇四例です。ストーカーのイメージをつかむために、この二〇四例の構成について見てみましょう。

まず男女比ですが、このうち一六九例、八二・九％が男性で、三五例、一七・二％が女性でした。この男女比率は、ずいぶん男性に偏っているように思われます。この病院に送られたのは男性が多いのでしょうか。じつはそうではなく、この比率は実際のストーキング犯人の男女比率をほぼ反映したものになっています。ストーカーの八割以上は男性なのです。

演歌などを聴くと、男性はどちらかというとクールで、恋愛関係に執着して未練を残したり、過去の恨みをいつまでも抱えているのは女性のように描かれますが、実際は男性のほうがこのような執着が強いということは多くの研究で示されています。また、人種構成は、四三・五％が白人、三〇・五％が黒人、二〇・五％がヒスパニック、残りがその他の人種でした。前科がある者は全体の六一・八％で、その八〇％はストーキングとは関係のない事件での前科でした。

ストーキングの被害者は、犯人と異なる性であることが多いのですが、同性者へのストーキング行為も存在しました。ストーキング対象との関係は元夫婦、元恋人がもっとも多く三九・一％、知り合いや友人関係が一六・五％、仕事上の付き合いが八・三％でした。ストレンジャーストーキング、つまり、ストーキングされる相手とする相手に事前の人間関係がなかったケースは二五・三％でした。動機は、愛情関係によるもの三九・六％、怒りや復讐によるもの四〇・二％、これらのミックスしたもの二〇・一％でした。ストーキングの行為としては、手紙、電話、つきまとい、尾行などが中心でした。これらの数値は、ニューヨークにおけるストーカーのだいたいの傾向を示しているといってよいでしょう。また、人種などを除けば日本におけるストーカーもほぼ同様の傾向を示しています。

ストーカーの危険性を推定する

これらのストーカーのなかには暴力的な行為に出た犯人と出なかった犯人がいます。このデータのなかでは、七〇例、約三分の一の犯人が暴力的な行為に出ていました。このうち、五八例は比較的軽い暴行（とはいっても被害者が味わう恐怖は非常に大きなものがあります）でしたが、一二例、五・九％は生命の危機をともなうような重大な暴行（凶器を用いた襲撃で、被害者も傷を負ったケース）でした。ローゼンフェルドらは暴力に出る犯人と出ない犯人では、その属性（人種や年齢、精神疾患の有無など）にどのような違いがあるのかを調べてみることにしました。

まず最初に、ストーカーのさまざまな属性ごとに、暴力行為に出たストーカーと暴力行為に出なかったストーカーについて集計してみました。その結果を表4－2に示します。たとえば犯人が三〇歳以下の場合五五％が暴力行為を行っており、三〇～四〇歳では二九％、四〇歳以上の場合は二八％が暴力行為を行っていることがわかります。

次に、この差が統計的に意味のあるものか否かについて統計的な検定をしてみます。具体的には「カイ二乗検定」というものが使われます。表4－2で「p＜.01」となっているものと、「p＜.05」というものはそれぞれ、一％水準と五％水準の危険率でその変数が暴力と関係していることを示しています。「n. s.」というのは統計的に意味ある違いはないということを示しています。つまり、加害者の年齢や教育水準、動機、知能の程度

表4-2　ストーカーの属性ごとにみた暴力行動に出た犯人の割合

加害者の特性	
性別（n. s）	
男性	36%
女性	25%
人種（p<.01）	
白人	20%
黒人	52%
ヒスパニック	34%
その他	64%
年齢（p<.01）	
30歳以下	55%
30～40歳	29%
40歳以上	28%
教育（p<.01）	
高校卒業未満	49%
高校卒業	39%
大学在学中退	24%
大学卒業	15%
逮捕歴（n. s.）	
あり	34%
なし	35%
暴力歴（n. s.）	
あり	43%
なし	31%
関係性変数	
関係（p<.01）	
恋人・夫婦	51%
知人	25%
家族	62%
ストレンジャー	8%
動機（p<.05）	
恋愛	32%
復讐	44%
混合・その他	30%
被害者の性別（n. s.）	
男性	24%
女性	39%
両方	24%
脅迫の有無（p<.01）	
あり	44%
なし	19%
医学的変数	
精神疾患の有無（p<.02）	
あり	24%
なし	41%
人格障害の有無（n. s.）	
あり	39%
なし	32%
薬物・物質乱用の有無（p<.01）	
あり	53%
なし	29%
妄想の有無（p<.01）	
あり	23%
なし	41%
知能の程度（p<.01）	
平均以下	44%
平均	37%
平均以上	12%

Rosenfeld & Harmon, 2002, Table. 2 をもとに作成。

などは暴力と関係していますが、性別や逮捕歴、人格障害の有無などは暴力と関係していないということです。

ここで興味深いのは、精神疾患や妄想です。一般には精神疾患をもっている犯人のほうがなにをするのかわからない危険性があると思われがちなのですが、実際には、精神疾患があったり、妄想があったりする犯人のほうが暴力的ではないということがわかります。

ロジスティック回帰分析による推定

さて、右の分析ではただ単に、個々の属性と暴力の関係について、それぞれ別に評価しただけでした。このような方法は、結局ミューレンの行った犯人のカテゴリーごとの危険性の評定を、さまざまな要因でやり直したものに過ぎません。実際に知りたいのは、たとえば「自分のことを脅迫している元配偶者が薬物乱用の場合」に暴力の危険性があるのかないのかといった、複数の要因の絡んだ場合の危険性の見積もりです。このような見積もりはできないのでしょうか。

じつはこれを行う方法があります。それは「ロジスティック回帰分析（logistic regression analysis)」という方法です。この方法を用いると、暴力が生じる確率を加害者の年齢や精神疾患の有無、薬物使用の有無などから推定するための式を求めることが

$$\text{オッズ比} = \frac{\dfrac{\text{ある要因があった場合の暴力行為の生じたケース数}}{\text{ある要因があった場合の暴力行為の生じなかったケース数}}}{\dfrac{\text{ある要因がなかった場合の暴力行為の生じたケース数}}{\text{ある要因がなかった場合の暴力行為の生じなかったケース数}}}$$

図４－１　オッズ比を求める式

表４－３　ロジスティック回帰分析における各変数の修正されたオッズ比

変数	オッズ比
年齢（犯人が30歳以下である）	4.45
教育歴（犯人の教育歴が高校卒未満である）	3.85
人種（犯人が白人でない）	3.70
元恋人・夫婦	3.37
脅迫がある	3.33
精神疾患でない	1.85
薬物・物質乱用がある	2.44
知的水準（平均以下の知能）	2.17

Rosenfeld & Harmon, 2002, Table. 3をもとに作成。

できます。ローゼンフェルドらは、この式を求めました。そして、この式を個々の事例にあてはめることによって、暴力行為が生じるかどうかをかなり高い確率で予測できたことを報告しています。

また、ある要因（たとえば、犯人の年齢が三〇歳以下とか薬物乱用があるなど）の存在が暴力行為の危険性をどれだけ増すかを表す指標として、オッズ比（odds ratio）というものがあります。オッズ比を求める式は図４－１のようになります。

ロジスティック回帰分析で

は、「修正されたオッズ比」という数値を求めることができます。これは、ほかの要因の効果を調整したうえでのある要因のオッズ比です。この修正されたオッズ比を見ると、さまざまな要因のなかで、その要因が存在することで暴力が生じる危険性がどのくらい影響されるのかを見ることができます。

ローゼンフェルドの研究で算出されたストーカーの暴力に影響する要因の、修正されたオッズ比を表4－3に示します。これを見るとストーカーが暴力行為に出るかどうかは、ストーカーの年齢が低いことや、教育歴が短いこと、人種、元恋人関係にあったかなどの要因が大きく関係しており、年齢が三〇歳以下の場合は以上の場合にくらべてオッズ比が四・四五倍に、元恋人・夫婦である場合にはそうでない場合にくらべてオッズ比が三・三七倍に増加することがわかります。

ミューレンらの研究で、拒絶型の危険性が高いことはすでに述べましたが、この分析でも同様に、拒絶型の特徴である「元恋人・夫婦」がストーカーの場合、暴力被害にあう危険性が高いことが示されており、興味深い結果であるといえるでしょう。

三　ストーカーの危険性を推定する――メタ分析

いままであげてきた研究で、ストーカーの危険性を算出する式がつくられ、暴力に影響する要因が示されたわけですが、これで問題は解決でしょうか。このような研究を紹介すると、よく指摘されるのは研究データの数の少なさです。「たった二〇四名くらいのデータで得られた結果では役に立たない」という批判です。一般には二〇〇名のデータは少な過ぎるデータのように見えますが、統計学的には、研究に用いたデータがすべてのストーカーの適切な代表になっていれば、二〇〇名くらいのデータがあれば十分な推定ができることはわかっています。

ただ、ローゼンフェルドらのデータが「ストーカーの適切な代表」になっているのかは検討の余地があるかもしれません。ニューヨーク州だけのデータですし、裁判所命令で精神科に送られたストーカーについてのデータですので偏っている可能性もあります。これらの問題を解決するためには、さまざまな地区のストーカー一〇〇〇名くらいを集めてきて分析することが必要です。しかし問題は、これだけの数のストーカーや、そのデータを集めてきて分析するのはなかなかたいへんだということです。そこで、「メタ分析（meta analysis）」という手法の利用が考えられました。

多くの研究を統合するメタ分析

メタ分析とは、複数の研究結果を統合するための統計的な手法です。犯罪の研究では、個々の研究者はいくらがんばってもせいぜい一〇〇名から二〇〇名くらいのデータしか得ることができません。しかも、その標本は地域的にも偏っている可能性があります。しかし、別の研究者が別の地域で同じような研究をしている場合があります。このような研究を集めてみて、その結果を統計的な手法を使って統合することができれば、偏りの少ない多くの研究データからの分析ができます。このような分析手法をメタ分析といいます。ローゼンフェルドは、次にこのメタ分析研究を行うことにしました。

彼はまず、ストーカーの暴力の危険性について扱った研究を文献データベースなどから抽出しました。ここで重要なのは、個々のケースについて掘り下げて、それを分析した臨床的なケース研究はあまり役に立たないということです。正しい結論を出していくためには、あくまで、客観的なデータがもとになります。臨床的なケース研究は主観的な解釈が入っていて、これらの分析に使用することはできないからです。その結果、これらの研究のなかから、多くのストーカーについての客観的なデータを報告している研究一二個が選び出されました。

これらの研究結果を集計したものを表４－４にあげます。縦に書かれているのがそれぞれの研究を行った研究者と研究論文の公刊年です。横に書かれているのは、暴力に関係しそうな要因です。順番に脅迫の有無、精神疾患の有無、人格障害の有無、薬物・物質乱用の有無、ストーキング対象者との関係が元恋人・夫婦であるか、そして、前科の有無です。その下に書かれている数値は、それぞれの要因と暴力のあいだの関係についい

表 4 - 4　ストーカーの危険度推定に関する研究の要約（数字は相関係数）

	脅迫	精神疾患	人格障害	物質乱用	知人	前科
Kienlen (1997)		−.29				
Menziez (1997)			.19	.22		.32
Schwartz (1998)		−.01			.27	
Harmon (1998)	**.39**		**.34**		**.34**	
Palarea (1999)	**.15**				**.15**	−.09
Mullen (1999)	**.28**	**−.17**		**.19**		**.33**
Brewster (2000)	**.28**			**.20**		**.34**
Farnham (2000)		−.20			**.43**	
Meloy (2001)	**.26**	**−.31**	.14	.18	**.81**	.01
Morrison (2001)	**.54**		**.63**			
Sheridan (2001)	**.24**					**.26**
Rosenfeld (2002)	**.25**	**−.18**	.08	**.19**	**.41**	.00

Rosenfeld, 2004, Table. 1 を参考に作成。

て、各研究で得られた相関係数です。たとえば、一番下に書かれているRosenfeld (2002) はさきに紹介した研究ですが、この研究では、脅迫の有無と暴力のあいだに0.25、精神疾患の有無と暴力のあいだに−0.18、元恋人・夫婦かどうかということと暴力のあいだに0.41の相関があったことを示しています。相関係数は第2章でも出てきましたが、相互にまったく関係ない場合に0、正の関係（片方が上がるともう一方も上がる）があると、その関係が強いほど1に近くなり、負の関係（片方が上がるともう一方は下がる）があると、その関係が強いほど−1に近くなる数値です。また、太字で書かれている数字は統計的に意味のある数字であることを示しています。

さて、各研究の結果を見てみると、だいたい一致した数値は得られていますが、異なっているものもあります、たとえば、前科の有無と暴力の関係では、Palarea（1999）では統計的に有意ではないものの負の相関が得られており、これは、前科がないほうが暴力の危険性が高いというデータですが、一方、Brewster（2000）では、前科があるほうが、暴力の危険性が高いという正の相関が得られています。このようなデータのばらつきが、それぞれの研究の対象者の偏りから生じてしまっている可能性があるわけです。メタ分析を適用することによって、このような研究間の偏りを修正することができます。

効果サイズ

さて、メタ分析の結果は「効果サイズ（effect size）」という指標で示されます。この数字が大きいほどその要因が結果に影響していることを示します。プラスの場合はその要因があるほど暴力の危険性が増加すること、マイナスは逆にその要因があると暴力の危険性が少なくなることを意味しています。彼の研究では表4-5のような効果サイズが得られました。効果サイズは統計的に推測されたものですから、95%信頼区間も同様に求められています。信頼区間の幅が少ないほど、効果サイズの値がより正確な推定値であると言うことができます。この結果を見ると、やはり、ストーカーの危険性にもっとも影響しているのは、犯人と被害者が以前に親密な関係にあったかどうかということ

表4-5　ローゼンフェルドの危険性に影響している要因についてのメタ分析結果

リスクファクター	効果サイズ	効果サイズの95%信頼区間
脅迫あり	0.26	0.08-0.44
親密な関係だった	0.32	−0.05-0.69
精神疾患あり	−0.18	−0.04-−0.32
人格障害あり	0.10	0.03-0.17
薬物中毒歴あり	0.19	0.17-0.21
前科あり	0.12	−0.25-0.49
暴力歴あり	0.25	−0.03-0.53

Rosenfeld, 2004, Table. 2をもとに作成。

であることがわかります。その一方で、犯人が精神疾患に罹患しているということは、一般の認識とは逆に、危険性を下げる要因となっています。

これらの研究によって、個々の事件におけるストーキング行為がどの程度危険なものなのか、今後エスカレートしていく可能性があるかについて見積もっていくことができるようになりました。ただ、現実にはストーカーの危険性を予測する、より適切な要因がこのほかにも存在する可能性はあるので、引き続いて研究をしていくことが必要です。

たとえば、日本ではストーカーがサラリーマンである場合、無職や学生の場合よりも被害がエスカレートしていく危険性は少ないと思われますが、ストーカーの職業に関する要因を扱っている研究はあまり多くありません。今後研究していく必要がある変数といえます。また、このような数式を日本で適用する場合にはもちろん、日本における犯罪データをもとに研究をしていく必要があります。文化による犯人の行動の違いが存在する可能性があるからです。

四　人質立てこもり事件の危険性

次に少し違った種類の犯罪に関する研究を紹介しましょう。「人質立てこもり事件」についての研究です。

人質立てこもり事件

犯人が人質をとって立てこもるという事件が発生することがあります。たとえば、銀行強盗をしようとしていたところ、犯人が逃走する前に警察がきて銀行を取り囲んでしまった場合や、警察に追われた犯人が民家や商店に押し入ってそこにいた人を人質に立てこもる場合、覚醒剤や薬物の中毒によって幻覚が生じ混乱して人質をとる場合などがこの例です。これ以外に、なんらかの要求――金銭や政治的な要求など――を得るために、計画的に人質をとって立てこもる犯人もいます。テロリストによるハイジャックなどがこの例です。

さて、このような事態をどのように解決していけばよいでしょうか。映画などを観ると、いわゆる「交渉人」がかっこよく現れて、犯人と交渉して人質を解放させ、最終的には犯人を投降させることになります。交渉人は卓越した頭脳と交渉能力によってこれを成し遂げるのです。

交渉にあたっては、犯人はどのような人物なのか、犯人がどのような行動をとるのか、犯人は人質を傷つける可能性はあるのかなどを的確に予想できれば、交渉を有利に進めることができます。熟練した交渉人は多くの経験から、これを読みとっているのでしょうが、人質立てこもり事件自体それほど多く発生するわけではないので、経験と言ってもどうしても限られたものになってしまいます。そこで、これまでに起きた人質立てこもり事件を集めて、科学的な手法で分析し、犯人の行動や人質の死傷リスクを推定できれば、より効果的な対策や交渉ができると思われます。

人質死傷リスクの推定

ここでは、人質の死傷リスクの研究を見てみましょう。この研究でも、いままでの研究と同様に、発生した人質立てこもり事件を集めて分析し、ローゼンフェルドとハーモンの研究と同様にロジスティック回帰分析を使用して、人質の死傷につながる要因を発見するとともに、その影響力について評価していくという方法論が有効です。

この研究を行ったのが、科学警察研究所の横田らのグループです。彼女たちは、一九七〇年から二〇〇二年までに日本で発生した人質立てこもり事件一一六件のデータを分析しました。このなかには人質がけがを負った事件三七件、死亡した事件四件が含まれていました。これらの事件を構成するさまざまな要因をピックアップし、ロジスティッ

表4-6　日本の人質立てこもり事案における人質死亡と負傷のオッズ比

	人質死亡のオッズ比	人質傷害のオッズ比
状況要因		
立てこもりの長期化（6時間以上）	1.13	1.70
立てこもり犯と人質とに会話がある	1.17	1.11
犯行特徴：要求		
要求なし	0.68	1.76
特定の人物との面接を要求	0.62	0.33
脱出ルートを要求	2.16	1.51
メディア報道を要求	1.87	0.47
金銭を要求	0.88	2.00
犯行特徴：場所		
ハイジャック	0.93	0.59
バスジャック	5.89	0.72
住居内立てこもり	2.61	1.53
ビル内立てこもり	0.80	0.46
道路上での立てこもり	0.96	0.60
犯行特徴：その他		
銃の所持	3.00	0.14
家庭内暴力（DV）に関連した事件	2.54	3.94
犯人が複数	5.00	0.59
立てこもり犯人と人質が知人	0.73	1.76
犯人の特徴		
違法ドラッグを使用	0.84	1.64
精神疾患	0.72	0.50
自殺を試みる	0.96	2.88
政治犯	0.96	0.63

Yokota et al., 2004, Table. 3をもとに作成。

ク回帰分析を行い、その要因がある場合とない場合での人質死亡あるいは人質傷害のオッズ比を算出しました。その結果を表4-6に示します。

たとえば、立てこもりの長期化が人質の死亡に影響するオッズ比は1.13、傷害に影響するオッズ比は1.70ですが、これは、立てこもりが長期化しない場合にくらべて、長期化する場合に人質が死亡するオッズが一・一三倍に、傷害を受けるオッズが一・七〇倍になることを示しています。

この結果を見ると、やはり犯人が銃をもっていた場合や複数であった場合には人質の死亡リスクが高くなることや、住居内やバス内などの狭い場所での立てこもりはリスクが大きいこと、人質の死亡に影響する要因と傷害に影響する要因は異なっていることなどもわかります。また、犯人が精神疾患の場合には、人質の死傷リスクは低くなります。これはストーカーの暴力に対する危険度と同様の結果です。日本の科学警察研究所では、これらのデータをデータベース化し、立てこもり事件発生時に人質の受傷リスクを推定する捜査支援システムを開発しています。

＊犯人の危険性推定研究の展開＊

犯人の危険性推定の研究は、本章でとりあげたテーマ以外にもさまざまな領域で行われています。もっとも研究が盛んなのは、「再犯予測」に関する研究です。これは、刑務所や少年院から出たあとで、ふたたび同様の犯罪を犯す危険性を推定するための研究です。近年、わが国でも、重大な性犯罪を犯した犯人が過去に同種の犯罪で刑務所で服役していたことがわかり、矯正制度に対する批判が高まったりしました。再犯予測の研究を進めることによって、再犯可能性の高い受刑者には特別の処遇プログラムを組んで、再犯危険性を減らしていったり、再犯に影響する要因を同定して、再犯を引き起こさないような環境調整を行うなどの取り組みが可能になります。

また、性犯罪のエスカレーションの研究では、露出犯などの比較的軽微な性犯罪者がレイプなどの重大な性犯罪につながる可能性があるのか、どのような条件が満たされた場合にエスカレートしていくのかについての研究が行われています。この種の研究は、露出犯に悩まされている自治体や小学校が多い日本でも応用していける可能性があります。

また、少し異なった領域としては、企業に対する脅迫事件で犯人が脅迫状の内容をどの程度実現させる可能性があるのかを推定する、誘拐事件で誘拐された被害者の生命に関するリスクを推定し犯人との交渉方略を決定する、虐待の通報があった家族を対象にして、子どもの危険性を推定して行政的な対処方略を決定するなどの研究もあります。

この研究の問題点として指摘されることが多いのは、それが、ある人物は危険だ、というレッテルを貼ることにつながり、まだやっていない犯罪のために、その人物が不利な立場に立たされたり、社会的に差別されたりする可能性があるというものです。歴史的に「危険だから」などの理由だけで投獄することが、たいへんな人権侵害をもたらしてきたことはみなさんもご存じだと思います。そのため、この危険性推定研究はわが国では人気がありません。

しかし、本章で見てきたようにこの研究分野自体は確かに予測を目的にはしていますが、実際にはどのような要因が犯罪に関わってきているのか、どのような条件があると犯罪が発生しやすくなるのかということを明らかにすることができるという点で、たいへん意味のある研究分野だということができます。そのため、研究結果を個人にあてはめて「危険」のレッテルを貼るという方向に研究成果が使われてしまう危険性に十分留意する必要がありますが、今後も研究を進展させていく必要性は大きいと思われます。

コラム　『新幹線大爆破』と公共交通機関に対する脅迫状の危険性推定

航空会社や鉄道会社には、しばしば脅迫電話や脅迫状が届きます。このなかにはいたずら（いたずらと言っても「威力業務妨害罪」などの犯罪になります）もありますが、現実に爆弾などを使用して金銭を脅し取ろうとしたり、なんらかの要求を実現させようとする場合もあります。したがって会社に脅迫状が届いた場合、その脅迫がどの程度実現される可能性があるのか、犯人は本気なのかを推定することも、犯人の危険性を推定する研究の目的のひとつとなります。

さて、新幹線を対象にした脅迫事件を描いた映画として『新幹線大爆破』があります。この映画では犯人はタイトルどおり、新幹線に爆弾を仕掛け、政府や国鉄（JRの前身）を脅迫します。この映画で犯人が仕掛ける爆弾は、新幹線の時速が一定以下になると爆発するというものです。つまり、爆弾を仕掛けられた新幹線はスピードを落とすことも、停止することもできなくなってしまうのです。犯人に金を払わないと終点の博多で新幹線は駅に突っ込むことになり、たいへんな惨事となります。

この映画はアメリカやフランスにも輸出されました。また、この映画の設定は、アメリカ映画の『スピード（Speed）』で使われたことでも有名です。ちなみに『新幹線大爆破』以前には、アメリカのテレビ映画で“The Doomsday Flight”というものがありました。これは、ロッド・サーリングという伝説的なサスペンス分野の脚本家の作品で『夜空の大空港』という邦題で日本のテレビでも何度も放映された名作です。この映画では、高度が一定以下になると爆発する爆弾が飛行機に仕掛けられます。『新幹線大爆破』のネタ元はこれかもしれないと私は思っています。

『新幹線大爆破』の話に戻りますが、このような脅迫に対して、警察や国鉄はどのような対策をとったのでしょうか。まずは、金の受け渡しなどをもとにして犯人を突き止めるための捜査が行われます。それとともに行うのが、新幹線に仕掛けられた爆弾の発見と解体の作業です。警察は「速度が一定以下になれば爆発する」爆弾ならば、速度センサーが付けられているはずだから、車軸のそばに爆弾があるだろうと推測します。また、金の受け渡しが成功したら犯人は爆弾の解体方法を指示するはずだから、爆弾は簡単に解体ができる場所にあるに違いないとも推測します。車軸のそばで、解体しやすい場所とは、乗降ドアの下部付近しかありません。そこで、ここに爆弾があるだろうと推測し、新幹線が岩国の錦川鉄橋を渡るときに列車の下部を高照度ライトで照らし、高速度高感度カメラで各車両のドアの下部付近を撮影します。その結果爆弾が発見され、対策本部は爆弾の解体作業にとりかかります。爆弾さえ解体してしまえば、犯人の脅迫は意味をなさないからです。さあこのあとどうなるか。それはＤＶＤもリリースされていますので、映画を観て確認してください。

この映画は、非常におもしろい映画で、私も好きな映画のひとつなのですが、実際金を奪おうとしている犯人がこのような計画を立てるとは考えにくいのも事実です。まず、よく考えればわかることですが、この犯人は新幹線に本物の爆弾を仕掛ける必要性はないのです。犯人がすべきことは、「国鉄や警察に爆弾が本当に仕掛けられている可能性がある」ということを信じさせればよいだけです。この犯人は、本当に爆弾を仕掛けてしまったものだから、解体作業をされてしまったのですが、爆弾を実際に仕掛けなければ、解体される危険性もありません。

また、この種の爆弾のとり付けにかかるリスク、一定速度になると始動スイッチが入り、一定速度に落ちると爆弾が爆破するような比較的複雑なセンサー付きの爆弾を自爆することなく開発し上手く作動させるリスク、事前点検で爆弾が発見されてしまうリスクなどを考えると、犯罪がうまくいく確率はかなり低いことがわかります。そして、もし間違って爆発してしまった場合のリスクは絶大です。その瞬間、犯人は、世界最悪の大量殺人犯人になってしまうからです。もし、この種のセンサー付きの爆弾を開発できるような頭のよい犯人なら、おそらく犯行計画の段階で爆弾を本当に仕掛ける必要はないんだということに気付くと思われます。そして、おそらく爆弾は仕掛けないでしょう。

爆弾を仕掛ける、あるいは毒物をまくなどの脅迫行為があった場合、最悪のケースを考えて行動することは確かに必要なのですが、本当に爆弾が仕掛けられている可能性がどの程度あるのか、あるいは犯人は本当に毒をまくつもりなのかを、あらかじめ予測できるような技術を開発していけばより適切な捜査活動を行っていくことが可能です。

ちなみに、同じ新幹線対象の脅迫事件を描いた小説として、清水一行の『動脈列島』がありますが、この事件の犯人は『新幹線大爆破』の犯人よりもより緻密で現実にあり得る犯罪行動を示しています。ぜひ読んでみてください。

第5章

犯人の動機を推定する

ここまでの章で、事件の犯人を推定したり居住地を突き止めたりするには、個々のケースを細かく分析して、犯人の心の動きや心理状態を想像したり、推測したりするといった臨床心理学的な方法論よりも、多くの事例を収集して、それをカテゴリーに分類し、特徴を抽出するといった方法論のほうが効果的だということがわかりました。

このような方法論は、犯人の動機を突き止めていく場合にも有効です。犯罪の動機というのは個々の事件によって異なっているため、事件ごとに犯人の心の動きを解明していかなければならないと思われています。これは確かにそのとおりなのですが、このようなアプローチはどちらかといえば、あとづけ的な説明に終始してしまいます。

実際には一見不可解に見える事件でも、犯人が同様の行動をとった事件はほぼ確実に存在しますので、これらの事件を集めて分析していくことによって、犯人の動機についての重要な手がかりが得られる場合があります。また、犯人の動機を解明することは、裁判などで、その情状を判定するために必要ですが、それ以外にも同種の事件に対する防犯対策をとっていく場合にも有効になってきます。そこで本章では、大量殺人事件を具体例にして、これらの点を検討してみましょう。

一　大量殺人事件に見られる共通点

大量殺人事件とはなにか

大量殺人事件とは、連続殺人事件と異なりひとつの場所で一度に複数の人間を殺傷する事件を指します。この事件の代表的なものは、アメリカで毎年数件から十数件の割合で発生している学校内における銃乱射事件です。もっとも有名なのは映画『ボウリング・フォー・コロンバイン（Bowling for Columbine）』でもとりあげられた「コロンバイン高校銃乱射事件」です。この事件は、コロラド州のコロンバイン高校でエリック・ハリス（Eric Harris）とディラン・クレボルド（Dylan Klebold）が銃を乱射、一二名の生徒および一名の教師を射殺し、両名は自殺した事件です。最近では、バージニア工科大学で同大学英文科に在学中の二三歳の大学生が教員や学生三一名を射殺し二九名を負傷させた事件があり、学校内銃乱射事件としては史上最悪の事件となりました。

この種の事件は、学校だけでなく、会社や事務所、店舗内などでも生じることが知られています。有名なのは、一九九一年テキサス州ベルカウンティーのルビーズ・カフェテリアにピックアップトラックで突っ込み、銃を乱射して二四名を殺害したあと、トイレで自殺したジョージ・ヘナード（George Hennard）や、ランボーもどきの迷彩服に身を包んで、イギリス・ハンガーフォートの町で銃を乱射し、通行人など一五名を殺害（そのうち一名は彼の母親）、一五名を負傷させ、最後は、母校であるジョン・オゴーント・スクールに立てこもり、銃で自殺したマイケル・ライアン（Michel Ryan）、一九九五年テキサス州のコーパス・クリスティで、妻を殺したあと、勤めていた精錬所に行き、自分のボスと三名の同僚を撃ち殺して自殺したジェームズ・シンプソン（James Simpson）の事件などがあります。

同様な事件は、ドイツやフィンランドなどでも発生しています。日本では、二〇〇一年に大阪教育大学附属池田小学校に刃物をもった犯人が侵入し、児童八名を殺害し児童一三名、教諭二名に傷害を負わせた事件や、二〇〇七年に長崎県佐世保市のスポーツクラブに散弾銃をもった犯人が侵入し銃を乱射して、二名を殺害し五名を負傷させて逃走し、犯人は教会の敷地内で自殺した事件があります。

では、このような事件は、どのような犯人がどのような動機で起こし、犯人はどのような行動をとるのでしょうか。

これを明らかにするために、この種の事件をいくつか集めてみて相互に比較し、その共通点を抽出してみることにしましょう。ここでは、二つの大量殺人事件について紹介し分析を進めてみます。最初にとりあげるのは、アメリカ・サンディエゴのマクドナルドで銃を乱射したジェイムズ・ヒューバーティーの例であり、もうひとつは岡山県で銃を乱射した都井睦雄（といむつお）の事例です。これらの事例を読みながら、その事件の共通点について考えてみてください。

●ジェイムズ・ヒューバーティーの事例●

ジェイムズ・ヒューバーティー（James Huberty）はサンディエゴ市サンイシドロ（San Ysidro）のマクドナルドで銃を乱射して、二一名を殺害し、二〇名に重傷を負わせた犯人である。彼は、一九四二年にオハイオ州で生まれた。子どものころにポリオにかかったことがあり足が若干不自由であったことや、母親が宗教活動に熱心であったことから、小さいときからいじめられてきた。その結果なのか、彼は人付き合いがひどく苦手だった。彼の趣味は銃で、よく野原に出かけては一人で射撃の練習をしていたという。

専門学校を卒業したあと、彼は冠婚葬祭の会社に就職したが、付き合い下手などの理由でなかなかうまくいかず、しばらくして溶接工に転職した。溶接工の仕事は人との付き合いを必要としなかったので比較的うまくいっていたが、ある時期以降、彼は立て続けに不幸に見舞われることになる。

まず、自宅が火事になったのだ。趣味の銃の火薬に引火して、家はあっという間に全焼してしまった。次に折からの不況のあおりで溶接工を解雇された。

なんとか再就職したもののその会社もすぐに閉鎖されてしまった。さらに、この時期彼は追突事故にあい、もともと悩まされていた首の痛みが悪化した。そこで人生をやり直そうとして、家を売ってメキシコに移住したが、スペイン語がわからなかったこと、彼自身が外国人を蔑視していたことなどもあり生活がうまくいかず、結局すぐにアメリカに戻ってきてしまう。サンディエゴに落ち着き、なんとか警備員の職を得たが、精神的に不安定になっていた彼はここもすぐに解雇されてしまった。そして、悩みを相談しようと電話した精神衛生サービスは折り返し電話すると言ったまま、ずっとかけてこなかった。

彼はある日妻に「もう俺の人生は終わりだ」と話し、娘に「俺はもう帰ってこない」と言い残すと、お気に入りの野戦服を着て、銃をもって家を出た。彼が向かったのはサンイシドロのマクドナルドである。サンイシドロはメキシコとの国境の町であり、マクドナルドには、彼の嫌いなスペイン語を話す連中がたくさんいた。彼は、ショットガンやイスラエル製のウージー銃などを装備して午後四時ごろにマクドナルドに侵入し、店の中央部、カウンターの正面の位置にいき、まず二二歳の店長のネヴァ・ケイン（Neva Denise Caine）を撃つと、次つぎと客を撃ち始めた。子どもだろうが、女性だろうが容赦をせずに銃を乱射した。死亡者のなかには八ヵ月の赤ん坊から七四歳の老人までいた。駆けつけた警官隊にも発砲したため、狙撃部隊によって狙撃され彼は死亡した。

●都井睦雄の事例●

都井睦雄は、一九三八（昭和一三）年に岡山県苫田郡西加茂村の部落で村民三〇名を殺害し、三名を負傷させた大量殺人犯人である。睦雄は一九一七年に岡山県で生まれた。彼は子どものころ両親を肺結核で亡くしたため、もっぱら祖母に育てられた。祖母からは溺愛され甘やかされて育った。彼は、一九二四年に小学校に入学する。学業成績はきわめて優秀であり、病気で学校を欠席しがちだったとはいえ模範的な生徒で、小学校や高等小学校では、級長をつとめ人望も厚かった。教師たちからは上級学校への進学を勧められたが、祖母が反対し、また農家を継ぐ必要があったために進学は断念せざるを得なかった。

当時は軍国主義の最盛期であり、男子の一家の名誉は徴兵検査に甲種合格し、軍隊に入ることであった。ところが、徴兵検査前に睦雄は肺結核にかかり、徴兵検査でも丙種合格となってしまう。丙種合格は実質的には不合格である。この出来事は、睦雄の人生を一変させる。部落内では結核に対する偏見は強く、また、軍人になれなかった睦雄の絶望は大きかった。彼は部落内で何人かの女性と関係をもっていたが、結核ということが判明すると、彼女たちからも冷たくあしらわれた。睦雄はその後、銃を手に入れたが、銃をもって部落内をうろついたり、「殺してやる」などと脅すことが多かったため、部落の人びとは彼をさらに遠ざけた。彼は、このころまでに、匕首（あいくち）やブローニング銃、日本刀、猛獣用実包、散弾などの武器をそろえており、部落の人びとも彼がなにかとんでもないことをやらかすのではないかと恐れていた。実際、事件の一週間ほど前には、睦雄を恐れた家族が引っ越しをして部落から出ていっている。

睦雄は五月一八日に長文の遺書を執筆し、身辺を整理したあと、二一日を殺人の実行日に選ぶ。部落を入念に下見したあと、二〇日の夕方に部落に電気を供給している電線を切断し、部落の電気を使用できなくした。二一日の午前一時過ぎ、彼は匕首、日本刀、斧、ブローニング銃で武装し、一〇〇発以上の銃弾をもって殺人を開始した。まず、祖母を斧で殺害し、その後、部落の家々を順に回り、日本刀と銃で次つぎと村民を殺害していった。五歳から八六歳まで老若男女の区別なく殺害した。彼は一時間半ほどでひととおり部落を回ったあと、そこから数キロメートル離れた山中で、ブローニング銃で自分の胸を撃ち自殺した。

大量殺人事件の共通点

ここであげた事件は、場所も時代もまったく異なった状況で起きたのですが、よく見るといくつかの共通点があることがわかります。たとえば、ヒューバーティーも都井もいずれも大きな挫折を体験し絶望のどん底にいました。とくに事件直前はいずれも強い孤独感のなかにありました。また、行動特徴も類似しています。彼らは、計画的に事件を起こし、事件直前には、家族に決意を伝えるか遺書を書き、過剰なほどの武器をもって、攻撃対象（ヒューバーティーの場合にはマクドナルドにいる客、都井の場合には村人全部）を容赦せずに殺害し、はなから逃走手段などは考えずに事件を起こし、最後は逮捕されずに死んでいます。

じつは、これらの特徴は、大量殺人と言われる事件の多くに共通して見られる特徴です。いままでの研究で明らかになっている、大量殺人犯人に共通して見られることの多い特徴を列挙してみましょう。

- 犯人の生活は期待どおりにいっておらず、挫折や絶望のなかにいる。とくに事件直前には、大きな絶望を体験している。
- この原因として自分が悪いのでなく、別の何者かが悪いと考えている。この何者かは、特定の個人でなくカテゴリーである。つまり、自分をいじめたりした特定の人間が原因であるというよりも、学校そのもの、会社そのもの、村そのもの、あるいはその人物が属する人種や職業、集団のメンバー全体が悪いと考える。「カテゴリーとしての敵」である。

・犯人は事前に襲撃を計画し、その計画を人に話したり、ほのめかしたり、日記に書いたり、インターネット上で公開したりする。

・犯人は犯行前に遺書や手記を書く。

・犯人は、自分の愛している人や家族、ペットなどを殺害して犯行に臨むこともある。この場合、犯罪現場は、大量殺人の現場と愛するものを殺害した現場の二ヵ所（以上）となる。

・犯人は最終的には自殺するか、警官隊と無謀な撃ち合いをして死亡する。捕まった場合には自分が死刑になることを望む。反省はしない。

・犯人は過剰な武器を携帯する。その武器は殺傷力が強いものである（最後には自殺する必要もあるので）。

・犯人は銃（などの凶器）を手に入れられる環境におり、それを好む。事件前には銃の練習をすることもある。銃が趣味でコレクションしている場合も多い。

・犯人はできるだけ多くの被害者を殺傷することを目的に行動する。このとき狙う対象は「カテゴリーとしての敵」である。そのカテゴリーに属していれば、老若男女誰でもよい。

- 犯人は自分がだれであるかを隠そうとしない。覆面をしたり、防犯カメラを避けたりはしない。むしろ積極的に自分がだれかをアピールする。
- 犯人は基本的には逃走することを考えない。

大量殺人犯人というのは、複雑で誰もが考えつかないような行動をしているように思われますが、実際は、かなり典型的で画一的な行動をしているのです。現在アメリカなどでは、毎年、何件かの銃乱射事件が起きており、今後も起きると思われます。このような事件は日本でも報道されますので、みなさんも事件が起きたとき、これらの項目を見ながらよく観察してみてください。右の特徴のかなりの部分があてはまっていることがわかると思います。

動機はなにか

さて、時代や文化を超えてこれらの事件がもっている共通点を見てみると、彼らの動機が読めてきます。つまり彼らは、絶望のなかでもう生きているのがいやになっているのです。自殺したいのです。しかし、自分だけが死んでしまっては収まらないなにかがあるために、自分を自殺に追いやった原因（カテゴリーとしての敵）に復讐してから、自分も死ぬ（殺される）、ということなのです。また、死ぬからには、恨んでいる相手だけでなく、自分の愛している相手とともに死のうとも考えます。これは一人で旅立つことに対する恐怖もあるでしょうし、こんなたいへんな復讐をすることによって、残された者が、傷つき、苦しむのを防ぐためでもあります。心中と復讐の二つの側面をもった殺人が、大量殺人ということができるのです。

これらの事件が発生すると「犯人はなぜ最初に、愛する人（ペット）を殺したのか」とか「なぜ最後は自殺したのか」「なぜ罪もない人を殺したのか」などについて、テレビに出てくる「犯罪心理学者」やコメンテーターがいろいろな憶測を語ります。しかし、これらはいずれもこの種の犯罪における典型的な要素です。個々の事件について、なんらかの理由や原因をこじつけて説明する前に、この種の犯罪に共通する動機や行動パターンをしっかり把握することが重要でしょう。

警官を利用した自殺

さきに、大量殺人犯人は、わざと警官に殺害されるような行動をとることがある、と述べましたが、ここでひとつの概念を紹介しておきましょう。それは、「警官を利用した自殺（suicide by cops）」です。この言葉はとくにアメリカの警察で使用されています。これは、自殺を希望する人が自分で自分を殺すのでなく、警察官にわざと射殺されるような行動をとって射殺されるという、一種の他人を利用した自殺の形態です。アメリカは銃社会なので警察官は銃を携帯しており、警察官に向かって銃を構えたり警察官に襲いかかったりすれば、結果的に射殺される可能性があります。これを自殺に利用するのです。

大量殺人犯人のなかには、警官隊に対して無謀な撃ち合いをしかけて射殺される者が少なくないのですが、これは、警官を利用した自殺なのではないかと考えられています。事実、このようなケースではのちに犯人の自宅などから遺書が発見される場合も少なくありません。

最近、日本で死刑になりたいからという理由で面識のない他人を殺害する事件がありますが、これもこの現象のひとつだと考えられます。

大量殺人のカテゴリー

以上、大量殺人の典型的な事例を見てみました。大量殺人のすべてがこのパターンにあてはまるのかというと、必ずしもそうではありません。異なったパターンの大量殺人もあります。

大量殺人については、アメリカの犯罪学者のホルムズ（R. M. Holmes & S. T. Holmes）が八つのタイプに分類しています。

表5-1　大量殺人の分類

第 1 のカテゴリー

不満な従業員タイプ（The Disgruntled Employee Mass Killer）

会社に不満をもった従業員が社内で上司や同僚、部下などに対して大量殺傷を行うもの。犯人は自殺するか射殺される。

不満な市民タイプ（The Disgruntled Citizen Mass Killer）

社会に不満をもった市民が公共の場で大量殺傷を行うもの。
犯人は自殺するか射殺される。

学校内銃乱射タイプ（School Shooters）

学生や卒業生、学校関係者が学内で銃乱射を行うもの。
犯人は自殺するか射殺される。

家族皆殺しタイプ（The Family Annihilator）

自分の家族を殺すもの。犯人は自殺する。

第 2 のカテゴリー

イデオロギーにもとづくタイプ（The Ideological Mass Killer）

政治的、宗教的イデオロギーにもとづいて爆弾などを使用して行う大量殺傷。
犯人は逃走する。

門弟タイプ（The Disciple Mass Killer）

政治的、宗教的指導者（カリスマ）の影響を受けてその門弟によって行われる大量殺傷。
犯人は逃走する。

セット＆ランタイプ（The Set-and-Run Mass Killer）

犯人独自の思想によって引き起こされる大量殺傷。
犯人は逃走する。

第 3 のカテゴリー

精神疾患タイプ（The Psychotic Mass Killer）

精神疾患からくる妄想や幻覚がきっかけとなって行われる大量殺傷。
犯人は現場かその付近、あるいは自宅で捕まる。

Holmes & Holmes, 2001 などをもとに筆者が一部改変して作成。

私は、このタイプ分けは実際には、表5－1のように三つのカテゴリーに分類し直せると思います。第一のカテゴリーは、本章でいままで検討してきたようなケースです。ホルムズの分類の最初の三種類は、犯罪現場が異なるだけで、実質的には同じカテゴリーのものだと考えられます。このカテゴリーの犯罪の犯人は、自殺するか射殺されるという点でも一致しています。

また、一家心中は、殺人が家族内にとどまり、外部への復讐という形をとらない点で特殊ですが、このタイプに近い位置にあるのではないかと思われます。

第二のカテゴリーは、宗教思想や過激な政治思想にもとづく大量殺人です。これは「大量殺人」よりは、「テロリズム」として研究されている犯行パターンです。このタイプの犯人は、大量殺人をしなければならない理由について、政治思想や宗教思想によって理論武装しているため（あるいは洗脳されているため）、冷徹に行為を遂行し逃走します。もちろん、自爆テロのような形態をとった場合には、犯人は自殺しますが、それは第一のカテゴリーの自殺とは異なった動機の自殺でしょう。このカテゴリーの犯人の行動パターンは犯人の性格特徴よりも、彼が信じているカリスマや宗教、政治団体の思想と行動パターンによって予測することができます。

そして、第三のカテゴリーは、精神疾患にもとづくものです。これは、妄想などが原因になるケースです。このカテゴリーの犯人はとくに逃走しようとか、証拠を隠滅しようというような考えがないため、犯行後現場近くに残っていて捕まることや自宅に戻って捕まることが多いと思われます。

二　大量殺人事件への対策

日本の大量殺人事件

わが国では大量殺人事件はアメリカほど多く発生しないと言われますが、必ずしもそうではありません。わが国でも一家心中は昔からよく発生しており、これはさきにも述べたように殺害対象が自分や自分の家族にとどまっているだけで一種の大量殺人です。家族以外の人を殺傷するタイプの大量殺人になるかどうかは、殺害対象が恨みや怒りの相手にまで広がるかどうかにかかってきます。

わが国で外部の人を巻き込んだ大量殺人がそれほど多くなく、一家心中が海外にくらべて多いのは、もしかしたら、日本人はどちらかというと内罰的な思考傾向があり、トラブルの責任は自分にあると考えがちなのに対して、海外では、トラブルの責任を外部に押しつけるといった、外罰的な傾向があるからかもしれません。この点は今後検討していかなければならないでしょう。

また、一家心中以外の大量殺人が日本で生じにくい原因として、おそらく大量殺傷に適した武器――具体的には銃や爆薬――が手に入りにくいということもあると思われます。もし、これらの武器が手に入れば、大量殺人事件はもっと生じるかもしれません。このタイプの犯罪を行うためには、刃物を使うなどの方法があるのですが刃物だけで大量殺人を行うのは困難です。現に、散弾銃などが手に入る犯人はこのタイプの事件を引き起こしています。恨みのある人やトラブルを抱えている相手、自分の家族などを射殺して犯人自身が直後に銃で自殺するタイプの事件です。

学校における危機管理

このタイプの大量殺人事件について、わが国で注目されたのは、大阪教育大学附属池田小学校事件で発生した刃物を使用しての大量殺人事件がきっかけです。この事件が発生したとき、非常に大きな問題となったのは、わが国の学校がこの種の事件が発生するということをまったく予期していなかった点です。地震や火災、事故などには対策があったのですが、このような犯罪行為が学校を対象にして起きることは誰も考えていなかったのです。そのため、教員たちはもちろん、警察や消防もその場でなにをすべきなのかがわからず、少なからず混乱してしまったといいます。

そこで、この事件のあと、文部科学省を中心として、この種の人的な災害についての対策がつくられることになりました。たとえば、「学校への不審者侵入時の危機管理マニュアル」などがつくられ、配布されました。また、全国の公立私立学校でこの事件のあとから、さまざまな防犯の試みが行われるようになったのは、みなさんご存じのとおりです。全国的に導入された代表的な防犯対策としては、「校門施錠」「防犯カメラの設置」「不審者の侵入を想定しての教員に対する格闘訓練の実施」などがあります。

ところで、適切な防犯対策を行うためには、そもそも犯人がどのような人物でどのような行動をとるのかがわかっている必要があります。「敵」を知らずして有効な対策はとれないからです。しかし、実際には多くの防犯対策が、敵がどのような人物であるのかをまったく考慮に入れず、ただやみくもに行われているのも事実です。では、大量殺人に対してこれら三つの対策は本当に有効なのでしょうか。

大量殺人事件対策の妥当性

まず、「校門の施錠」ですが、これに関しては、大量殺人犯人に対してはあまり役に立たないと思われます。なぜなら、この種の犯人は「たまたま、校門が開いていたから中に入る」という行動はとらないと思われるからです。さきに述べたように、この種の犯人は「だれでもいいから殺害する」わけではありません。殺害しようとする対象——「カテゴリーとしての敵」——は、はじめから決まっているのです。そして、その対象がなんであるかはインターネット上で公開されていたり、あらかじめ友人に伝えられていたりします。附属池田小学校事件の犯人も、あらかじめカーナビに小学校の住所を入力していました。したがって、犯人が学校を対象にして事件を起こそうとする場合、たとえ門が施錠されていても、犯人は、門を乗り越えて学校内に侵入する可能性が大きいですし、もしどうしても学校内に侵入できなかった場合には、校門の前などで通学時間帯に犯行を行うでしょう。

では、「防犯カメラの設置」はどうでしょうか。これに関しても、大量殺人犯人については防犯効果があるとは思えません。もし犯人が「警察に捕まりたくない」「自分が犯人であるとばれたくない」と思っていれば、犯人は防犯カメラを避けて行動するでしょう。しかし、大量殺傷事件の犯人は、そもそもその場で自殺する可能性が高いですし、警官に射殺されるか、逮捕されて死刑になることを望んでいます。また、犯人にとっては、自分が犯人であることを宣伝したいとも思っているのがふつうです。実際に、この種の事件の犯人はカメラに向かって自己主張をすることさえあります。そのために、防犯カメラの設置自体が犯行を抑制するものにはならないのです。

最後に、「格闘訓練」に関して検討してみましょう。さきに、文部科学省のマニュアルについて紹介しました。このマニュアルはさまざまな犯罪について触れられていますが、内容を見てみるとやはり、大量殺人事件を念頭に置いて書かれています。このマニュアルで気にかかるのは、大量殺人犯人が学校に侵入した場合、教員は犯人と戦えと書かれていることです。「モップや消火器など身近なもので犯人の移動を阻止せよ」と明示的に書かれていますし、教員と犯人が格闘するさし絵まで描かれています（図5－1）。しかし、この絵を見てみると、このマニュアルの作者は大量殺人犯人がどのような人物で、どのような行動をとるのかをあまり理解していないのではないかと思われます。

図5－1　学校への不審者侵入時の危機管理マニュアルのさし絵
文部科学省、2003

まず、この犯人はマスクで顔をかくして、サングラスをかけていますが、みなさんはもうおわかりのとおり、大量殺人犯人のほとんどは逃走を考えないために、自分の正体を隠さないのがふつうです。また、この犯人は棍棒らしきものを凶器としてもっていますが、大量殺人犯人は、できるだけ多くの人を殺すことを目的に行動しますので、棍棒のような殺傷力の低い武器をもっているとは考えにくいのです。銃が手に入るのであれば銃を、入らないのであれば刀やサバイバルナイフなどの殺傷力の高い武器を複数もって侵入してくるのが典型的な行動です。

もし、犯人がマスクをして棍棒をもってくれれば、モップやトイレ用たわしで戦闘することも可能かもしれません。しかし、実際には、大量殺人犯人はそもそも死ぬ気で、しかも殺傷力の強い武器をもっているのです。教員は生徒を守るために立場上戦わざるを得ないのかもしれませんが、犯人に立ち向かってしまえば、教員の死傷リスクは非常に高くなると言わざるを得ません。

ついでに指摘しておくと、そもそもこのマニュアルの作成者は、モップや消火器を使用した戦闘についての知識がないと思われます。モップのような本来武器としてつくられていないものを武器として使用するのは、木刀のように始めから武器としてつくられたものを使用するのにくらべてはるかに難しいのです。とくにモップは重心が手元から離れた先の位置にあるため、慣れないまま使用するのは危険です。消火器についても同様です。みなさんは、学校に備え付けられている消火器をもったことがあるでしょうか。もってみればわかるのですが、重くてとても武器として使用できるようなものではありません。また、消火液を噴射すればよいと言われるかもしれませんが、日ごろから消防訓練で実際の消火器を操作したことがないと、なかなか瞬間的に消火液を噴射させることもできないでしょう。このようなものを武器として使いこなすことができるのは、たぶん、ジャッキー・チェンのような人くらいでしょう。なお、このマニュアルはその後改訂され、図５‐１のイラストは削除されたようです。

ただし、述べておかなければならないのは、校門施錠や防犯カメラの設置は、一般の不審者に対する対策には、確かに有効だということです。たとえば、学校には、コンピュータや備品、生徒の制服などを盗もうとする窃盗犯人や、生徒に性的ないたずらをしようとするわいせつ犯人なども侵入してくる可能性があります。また、学校は窓を割ったり、備品を壊すなどの非行行為の対象となることも多いのですが、このような犯罪を防ぐためには有効です。

学校を要塞化すべきか

では、大量殺人犯人に対して学校は、どのような対策をとればよいのでしょうか。じつは、効果的な対策はわかっていないのが現状です。

もし、外部からの侵入者による大量殺人事件を防ぐとすると、校内の出入りを完全に管理し、敷地に無断侵入できないようにして、専門のガードマンを巡回させるなどの方法をとればよいことになります。いわば、「学校の要塞化」です。実際に、これに近いことを行っている私立学校もあります。しかしこの方法で大量殺人事件が防げるかと言えば、やはり防ぐことはできません。なぜなら、学校で大量殺人事件を起こすのはその学校の学生や卒業生であることが多いからです。池田小学校事件のように学校の関係者でない人間が犯人であるケースは、むしろ例外的です。アメリカで起きた銃乱射事件のほとんどは在校生によるものです。犯人が学校内部の人間であるならば、学校を要塞化しても、意味がないことになります。犯人は容易に内部に侵入できるのですから。

また、もうひとつの問題は、学校の要塞化にかかる莫大な費用（ハードウェアと人件費）の問題です。学校での大量殺人といった、発生確率がきわめて少ない犯罪への対処にこれだけの投資をすることの価値があるのでしょうか。むろん、子どもの生命はなによりも重いわけですから、いくら投資をしてもし過ぎることはないという考え方もできます。しかし、学校の要塞化で失われるもの――たとえば、地域住民との交流や地域への愛着など――についても考えなければなりません。また、同じ費用を地域住民との連携強化やいじめ対策に向けるほうが、結果的にこの種の犯罪を抑制できることになるかもしれません。

いずれにせよ、大量殺人事件の発生メカニズムについての実証的な研究をさらに進め、このような犯罪をどうやって減らしていくのかを考えることが必要でしょう。

＊犯人の動機推定研究の展開＊

数多くの同種の犯罪を集め、共通する行動パターンを抽出し、そこから動機を推定するという方法論は、犯罪行動を理解していくうえではかなり優れた方法論です。意外なことに、犯罪心理学の分野では、いままでこのような方法論はあまりとられていませんでした。個々の犯罪の特殊な側面の説明に目が奪われてしまっていたのです。「なぜ彼（彼女）はこんな犯罪を犯したのか」をダイレクトに説明していこうという問題意識です。

しかし、このようなアプローチで事後的に犯罪行動を解釈すると、結果的に解釈者の思想や主観が混入しやすくなってしまいます。事件が起きるとテレビに出る「犯罪心理学者」やコメンテーターの意見が大きく食い違うのはこれが原因です。このような方法論では犯罪の真の姿を理解することができませんし犯罪行動の解明も進みません。まず、すべきことは個々の事例の分析ではなく、多数の事例を冷静に分析し、その共通の原因や共通の犯人の行動パターンを分離していくことです。本章で述べてきたように、大量殺人といったきわめて特殊な犯罪でも類似事例を集めて分析すれば、犯人がとった行動の意味が浮かび上がってきます。

また、このような分析が行われることによって、効果的な防犯対策をとることもできます。個々の犯罪の個別性によって説明しなければならないのは、共通点を取り除いたあとの部分であるはずです。今後はこのようなアプローチの研究を、さまざまな罪種について徹底的に行っていくことが必要でしょう。

コラム『シックス・センス』と代理によるミュンヒハウゼン症候群

『シックス・センス（The Sixth Sense）』はナイト・シャマラン監督の代表作で、見る者すべてを驚かす大どんでん返しが仕組まれている映画です。しかも、そのどんでん返しにいたる伏線が巧妙に張られている脚本も見事です。しかし、ここではそのどんでん返しについて解説するのではありません。この映画のなかで描かれていた興味深い犯罪について、紹介してみたいと思います。

さて、この映画の主人公は「霊を見ることができる少年」です。彼はほかの人には見えない死んでしまった人の霊を見ることができるのです。この世の中には、さまざまな霊が漂っているのですが、ふつうの人はそれを見ることができません。ところが主人公の少年はなぜかそれが見えるのです。そのため、少年は日々おびえて生活しています。この少年の担当になった小児精神科医（また、ブルース・ウィリスです）は、少年にカウンセリングするなかで、次のようなことを話します。それは霊を恐れるのでなく、受け入れるということです。彼らが少年の前に現れるのは、おそらくなにかを伝えるためだろう。だから、霊から逃げるのでなく、彼らの声に耳を傾けてみたらどうか、というのです。

少年はそのアドバイスにしたがい、ある夜、彼の前に現れた少女の霊の話を聞くことにします。その少女は、原因不明の体調不良に日々苦しみ、ベッドの上で生活していました。彼女の楽しみといえば、自分で人形劇をしてそれをビデオで撮影することでした。その日も彼女は母親の目を盗んでビデオ撮影をしていました。するとそこに母親が食事をもってやってくる気配がします。少女は、あわてて人形を隠してベッドに入り寝たふりをしました。ところがビデオのスイッチは切ることができませんでした。そのため、部屋に母親が入ってからの一部始終が偶然撮影されてしまいました。

母親は、部屋に入ると少女が寝ていることを確認し（少女は寝たふりをしています）、少女の食事にトイレ・床掃除用の洗剤を混ぜたのです。そして、少女を起こして「残しちゃだめよ」と言って食事を与えました。つまり、少女を原因不明の病気にしていた犯人は母親で、原因は母親が食事に混ぜた洗剤だったのです。そして少女は、あとでこのビデオを見てそれに気づいてしまいました。ところが、少女はそのビデオの内容をほかの人に話す間もなく死んでしまいます。そこで、その証拠ビデオのある場所を伝えるために霊となって現れてきたというわけです。

この犯罪、母親が自分の子どもに毒を盛って病気にさせるという犯罪類型が「代理によるミュンヒハウゼン症候群（ＭＳＢＰ：Munchausen Syndrome by Proxy）」です。これは、一九七七年にロイ・メドウ（R. Meadow）医師によってはじめて報告された児童虐待のひとつの形態です。

このような行動が生じるもっとも大きな原因は、母親が得る「疾病利得」だと考えられています。子どもが病気になり病院に通うことによって、母親は周りの人から同情を受けます。また、小児科医師のような社会的地位の高い人と日常的に会話できるようになったり、症状が原因不明の場合が多いので世間の注目も浴びます（原因不明とされていることが多いというのは、母親が自分の子どもに毒を盛っているとは、医師にとっても想定外のことだからです）。

このような経験は、ちっぽけでとるにたらない自分という存在を、人目を引く価値ある存在のように思わせてくれます。したがって、母親はこのような経験を得るために子どもを病気にし、その子を献身的に看護するよい母親を演じるのです。「自分が注目されるためにまさか自分の子どもを傷つけるなんて」信じることができないでしょうが、まさに信じられないためにこの種の虐待の存在がなかなか明るみに出なかったのです。

この症状は、はじめは医師への子どもの症状に関する虚偽の申告から始まることが多いと言われていますが、そのような虚偽申告は次第に、実際に子どもを病気にするといった行動に変化していきます。犯行はエスカレートしていくことも多く、最終的には子どもが死に至るケースも少なくありません。ＭＳＢＰの被害を受けている子どもの死亡リスクは、かなり高いと言われています。

典型的な手口としては、この映画で描かれていたような毒物投与や薬物投与、薬物や汚水、汚物の接種、乳児の場合には窒息させることなどがあります。被害者に兄弟がいた場合、兄弟も同様な被害にあうリスクが大きくなることがわかっています。『シックス・センス』のなかでも、死亡した少女の妹もやはり原因不明の症状に苦しんでいるというせりふが出てきます。

また、この少女の家庭環境や母親の様子や立ち居振る舞いなどは「代理によるミュンヒハウゼン症候群」の典型的な犯人像と言われているものと合致しています。これらの点から見て、この映画におけるＭＳＢＰはそれなりに正確に描かれているといえるでしょう（ただし、この典型的な犯人像については、最近の研究では必ずしも受け入れられているわけではありません）。

補章

プロファイリング研究——その後の一五年

FBI方式プロファイリングの現在

プロファイリングは、そもそもは連続殺人事件の犯人がどのような人物でその動機は何かについての手がかりを得るために、FBIで開発されたものでした。では、その後、この手法は実際の捜査場面に受け入れられたのでしょうか。

はじめは、従来型の捜査手法と必ずしも相性の合うものではなく、キワモノ扱いされたのも事実だったようです。しかし、徐々に現場にも浸透していき、また、FBIも組織としてプロファイリングのサービスを提供するようになりました。じつは、プロファイリング技術の開発は、FBIアカデミーの教官によって個人的プロジェクトとして行われたものだったのです〔このあたりの時期を舞台にしたドラマとして『マインドハンター（Mindhuner)』（二〇一七年からネットフリックスで配信）がつくられています〕。

まず、一九八四年にFBIアカデミーの行動科学課は、「凶悪犯罪分析センター（NCAVC：National Center for the Analysis of Violent Crime)」に組み入れられます。このセクションは、行動科学の知見を犯罪捜査に適用して捜査を支援することを目標にしています。翌年には「凶悪犯罪逮捕プログラム（V·iCAP)」がスタートします。これは、アメリカの各地で発生した凶悪犯罪、具体的には、連続殺人、殺人、性犯罪、誘拐、身元不明、行方不明事案をデータベースで一元管理するシステムです。第2章のコラムでも触れたように、アメリカの警察は自治体警察が中心で、町や市、郡、州あるいは大学や交通機関などが独自の警察を持っています。そのため、横の連絡が必ずしもよくなく、連続殺人犯（とくに遠距離を移動するテッド・バンディなどの殺人犯）や連続レイプ犯などについて、同一の犯人によって行われた複数の犯罪をリンクするのが困難でした。このプログラムは全米のデータベースをもとにして類似した手口の犯人を抽出することができ、この種の犯人を発見するのに威力を発揮します。たとえば、同じ手口、同種の被害者を対象にしているが、別の州で行った事件とリンクすることなどができます。

現在、凶悪犯罪分析センターには、行動分析一課から行動分析四課までと行動研究指導課が存在し、それぞれ、テロ、サイバー犯罪・知能犯、子ども対象の犯罪、成人対象の犯罪、研究・教育を担当しています。各セクションは、全米の警察やその他の治安機関や軍隊で発生した犯罪を対象にして、プロファイリングを含む行動科学的な分析のサービス（実際には、捜査手法や証拠保全方法、公判や取調戦術などのアドバイスなどが中心になっています）を行っています〔岩見（2017）〕。ただし、これらのセクションの仕事はドラマで見るような、鑑識活動から犯人検挙などをすべて担うようなものではなく、各警察機関から寄せられたケースを専門的観点から分析してレポートを返すといったような、比較的地味な捜査支援業務となっています。

プロファイリングが登場した当初は、ＦＢＩの捜査官、たとえば、ロバート・レスラーやジョン・ダグラス、そして彼らの協力者であったペンシルベニア大学看護学部の精神衛生学の教授アン・バージェスの執筆した論文や書籍は、各国の研究者や警察関係者に読まれ、繰り返し引用されてきました。しかし、ＦＢＩのそもそもの任務はやはり研究ではなく犯罪捜査であるために、ＦＢＩのスタッフを中心とした学術的な論文や著作はその後減少し、現在ではＦＢＩのスタッフによって行われたアカデミックな研究はほとんど見られなくなりました〔B. Fox & D.P. Farrington（2018)〕。ある意味で、ＦＢＩのプロファイリング研究は現在では、組織の中の一部署として社会的に実装された状況になったといえるでしょう。

タイプ分けと犯行テーマ分類

ＦＢＩのプロファイリングの最大の貢献は、連続殺人犯、そしてのちには連続レイプ犯や、子どもに対する性犯罪者などを分類してカテゴリーを明確にした点です。第１章で触れた秩序型、無秩序型の分類がその例です。従来、犯罪という特異な現象はその個々のケースの独特さに目がいってしまい、同種の犯罪を集めて分類するという発想はあまりありませんでした。そのために、このような視点を導入したことはひとつの大きなブレークスルーになりました。

ＦＢＩ以降の研究は、アメリカでは大学の研究者に受け継がれることになりますが、受け継いだ研究者もこの犯罪のカテゴリー化ということをめざして研究を行いました。

たとえば、ルイスビル大学のロナルド・ホルムズは、連続殺人犯人を「幻覚型(Visionaries)」、「使命型（Mission-oriented)」、「快楽型（Hedonists)」、「パワーコントロール型（Power/Control)」に分類し、それぞれのタイプの特徴を明らかにしています。

リヴァプール型プロファイリングのアプローチも基本的には、このような犯人のタイプ分けを指向していました。ただし、FBIなどの分類が最終的には個人の経験に基づくトップダウンなものだったのに対して、犯人の行動についてのデータベースを元に多変量解析を使用して分類をつくっていったのが特徴です。たとえば、第2章であげたゴッドウィンによる連続殺人のタイプ分けなどがひとつの例です。この種の方法は、犯罪者の行動データを二次元上にプロットして犯人が同時にとりやすい行動のクラスターをもとに犯人を分類していきます。このような方法論をカンターは「ファセットアプローチ」と呼んでいます。また、犯人の分類を「犯行テーマ分類」と呼んでいます。

二〇〇〇年代は、非常に多くの犯罪についてのファセットアプローチによる分類の研究が行われました。たとえば、強盗や放火、窃盗、レイプ、サイバー犯罪などです。この種の研究では、犯罪者のさまざまな行動を二次元上にプロットすると、どの罪種でも、「計画的―衝動的」という軸と「表出的（犯罪をすること自体に犯人の目的がある）―道具的（何かをするための手段として犯罪が行われる）」という軸が現れてくることがわかってきました。これは第2章であげたゴッドウィンの「認知―感情」「モノ―媒体」と対応しています。

犯罪者行動ベースアプローチへ

ＦＢＩをはじめとした犯人のタイプ分け、ファセットアプローチによる犯行テーマ分類は、犯人やその行動に一種のラベル貼りを行い、犯人の予測や理解を促進するというものでした。このような方法は直感的にわかりやすく、捜査員にも受け入れやすかったので、現在でもよく使われています。また、ドラマなどで使われる場合には、だいたいこのようなタイプ分けアプローチについて言及されます。「この事件の犯人は○○型だと思われる」といったせりふがそれを表しています。しかし、このような捉え方は一方では、犯人像についてのステレオタイプ的なイメージを促進してしまい、場合によっては捜査を妨害してしまうこともわかりました。つまり、いったん、犯人は○○型だと判断してしまえば、ほかのタイプの可能性についてあまり考えなくなってしまうということです。実際には個々の犯罪者はステレオタイプ通りとはいかない場合も多いからです。

そこで近年では、このようなタイプ分け方式でなく、犯人の行動や被害の状況などから直接的にその属性を推定するという方法が用いられるようになってきました。ここで用いられる手法のひとつが、第４章で紹介したロジスティック回帰分析です。

第４章では、ストーキング犯人や人質たてこもり犯人の危険性を予測しましたが、その代わりに犯人が無職者か有職者か、前科があるかないか、男性か女性かなどの属性を予測していくわけです。ロジスティック回帰分析は犯人がその属性を持っている可能性も示すことができるので、犯罪の特徴から「犯人が男性である確率は九八％、無職者である可能性は八五％、前科がある確率は一〇％以下」などと推定することができるわけです。この手法を使った犯人の属性の推定は、殺人、窃盗、ストーキングなどで試みられています。

ロジスティック回帰分析と並んで、「デシジョンツリー分析（決定木）」という手法もしばしば用いられます。これは、さまざまなアルゴリズムを使用して犯人の属性を推定するための樹形図をつくっていく方法です。わが国でも、この手法を使って強盗犯人の前歴の有無を判断する研究や、性犯罪者の属性を予測する研究が科捜研の研究者によって行われています。

予測の限界を越えて

ロジスティック回帰分析やデシジョンツリー分析などを使用した分析によって、さまざまな事件について、その特徴から犯人の属性を推測することは、ある程度可能になってきています。また、わが国を始め、諸外国でもこのような手法を使った捜査支援手法が、実際の捜査場面に実装されてきています。ただし、研究が進むにつれてその限界も見えてきました。

ひとつは、もともと非常に偏った属性の場合、その予測精度を向上させるのはかなり難しいということです。たとえば、犯人が逃走するようなタイプの殺人事件の犯人は、そもそも九〇％以上が男性です。そのため、「犯人は男性である」と推測すれば、九〇％はその推測は当たる可能性があります。しかし、それでは、実務上はまったく役に立ちません。実際にはこのような事件では、さらに高い確率で犯人を推測することが必要になります。ただ、これ以上、正確性を向上させることは現状では困難です。

また、犯行の状況や被害者の状態から、犯人の年齢について予測するのもかなり難しいということがわかってきました。犯人の年齢層の推測は捜査にとっては重要なてがかりになるので、これが難しいというのは大きな問題点となります。

現在、これらの問題点を解消するためのさまざまな試みが行われています。そのひとつが機械学習を使用したプロファイリングです。これは多数の犯罪データを用いて、「教師あり」学習アルゴリズムを使って、ニューラルネットワークに犯人の属性推定を学習させていく方法です。たとえば、事件現場の情報から犯人が「前科あり」か「前科なし」か推測することを学習させる場合、事件についてのデータをニューラルネットワークに入力し、前科の有無を推測させ、もし、予測が外れた場合、ニューラルネットワークのパラメーターを調整するということを繰り返し、予測精度の高いニューラルネットワークを構築していくという方法です。この方法を使うと、単にロジスティック回帰分析を使用する以上の予測精度が得られる可能性があります。機械学習については現在、非常に多くの研究が行われており、日々、新しい手法が開発されています。そのため、この方法は有望な展開のひとつだと思われます。

ただし、機械学習による予測はそれ固有の問題を持っているのも事実です。ひとつは、この方法では、たとえ高い正確性の予測ができたとしても、「なぜ、そういう結果になるのか」について、説明が困難な場合があるということです。つまり、ブラックボックスである人工知能（ＡＩ）が何か予測をしてくれるが、なぜ、そういう結論が出てくるのかわからないという状態です。

商品の売り上げ予測などでこのような手法を用いた場合には、説明ができなくとも結果さえ当たっていれば問題にならず、説明も必要ないかもしれません。しかし刑事司法の文脈では、説明が難しい予測はやはり理解が得られにくいのも事実です。「なぜ、あいつが犯人なんだ」「ＡＩがそういっているからだ」というわけにはいかないのです。

もうひとつの問題点は、機械学習では過剰適合状態になりやすいということがあります。過剰適合というのは、学習に用いたデータに関してはほぼ完璧な予測ができるのに、学習に用いていない新たなデータの予測精度があまり高くならないという現象です。これだと肝心な新しい事件についての予測ができないことになります。プロファイリングのもとになる犯罪データは限られていることも多く、たとえば、わずか数十件のデータからプロファイリングモデルをつくっていかなければならないケースがあります。このような場合、安易な機械学習の利用は、過剰適合を引き起こし、新しい事件のプロファイリングにはあまり使用できない予測モデルがつくられてしまったりします。そのため、今後は機械学習の研究の進展を踏まえつつ、適切で有用な予測モデルをつくっていくことが必要になってくると思われますが、多くの方が感じているように、これはもはや犯罪心理学という学問分野の域を越えてしまっているようにも思われます。

地理的プロファイリングの新展開

ＦＢＩのプロファイリング研究は連続殺人からスタートし、その分野でもっとも発達したわけですが、日本では連続殺人事件はそれほど多く起こりません。また、たとえ発生してもその多くは従来の捜査手法によって解決できます。そのため当初は、「わが国にはプロファイリングは必要ない」といった意見もよく聞かれました。実際、日本では、連続殺人事件よりも単一殺人の未解決殺人事件でプロファイリングは多く使用されています。また殺人以外、たとえば、連続レイプ事件や連続放火事件の捜査において、プロファイリング手法は利用されています。

その中で、日本の捜査場面においてもっとも期待されている手法のひとつが地理的プロファイリングです。日本の都市部においてはいわゆる都会型放火、つまり、うっぷんばらしの放火が少なくなく、これらの放火では、被害者（火をつけられた家やものの持ち主）と加害者の間に事前の人間関係が存在しないために捜査が困難になりがちなのです。

地理的プロファイリングの基本的なモデルは、第3章で述べられている円中心モデルや重心モデルです。このような犯人の拠点をピンポイントで推定する手法は、現在では空間分布的アプローチといわれています。その一方で、犯人がその場所を拠点にしている可能性を等高線のような形でマッピングしていくアプローチを「確率距離法的アプローチ」といいます。現在、主流になっているのは確率距離法的アプローチです。

第3章で述べたように、犯行場所は犯人の自宅などの拠点近くである確率は低く、一定距離になるまでは犯行確率は次第に増加していきますが、一定の距離でピークになり、その後は減少していくという関数になることが知られています。そのため、いま、何箇所かの地点で放火事件があった場合、これらの放火箇所を中心としてこの関数を描き、その合計をプロットすれば、犯人の居住地を推定する関数を得ることができるはずです。そして、得られた等高線図をもとに犯人が居住している可能性が高い地域から、捜査を行っていくのです。これはコンピューター上の地図情報システム上で行うので、ここにさらにさまざまな情報を加えていくことも可能です。たとえば、直線的に移動できない場合には、関数を直線的に当てはめるのでなく、道に沿ってあてはめるとか、犯人は川や鉄道を越えにくいということがわかっているので、その情報を加えるなどです。もちろん、あてはめる関数自体も、もっとも犯行形態や実態に合ったものを選択していくこともできます。ここ一〇年ほどで地理情報システムは急激に発展し、さまざまな情報を付加した電子地図が使用できるようになってきています。そこで、これらの理論をシステムに実装し、捜査の第一線で使用するという試みが行われてきています。

プロファイリング――次の一五年

次の時代、プロファイリングはどのように進化していくのでしょうか。いくつかの可能性が考えられます。ひとつはより精緻な研究を行っていくことです。たとえば、現在、犯罪者行動ベースアプローチでは、ロジスティック回帰分析や機械学習などを用いて犯人の属性を推定していますが、さまざまな手法を開発し、実際のデータに適応していくことによってその予測力や信頼性を増加させる必要があります。現在、多くの研究者がこれにチャレンジしています。とくにベイズ統計学を使用したアプローチは有望視されています。

もちろんこれらのアプローチでは、犯罪心理学者の犯人の心理や精神状態、行動を分析する能力だけでなく、統計学者や人工知能研究者のノウハウも必要になってきます。

また、いままでの研究では、犯人の本当の行動を把握することが難しかったという問題点もありました。犯人の動機や行動履歴、生育環境などのデータの多くは、犯人の供述自体から得ていることがほとんどでした。実際、初期のＦＢＩプロファイラーは直接犯人と面会してこれを聞き取っていました。しかし、ＦＢＩプロファイラーも気がついていたように、これらのデータの正確性は、じつはあまり高くありませんでした。犯人自体が話している内容が全部本当だとは限らなかったのです。その中には犯人の記憶の間違いもありますし、そもそも、薬物影響下や精神疾患のためによく記憶できていない、想起することができないというケースもあります。また、犯人自体が意図的にでたらめなことを話している場合もあります。

たとえば、著名な連続殺人犯であるヘンリー・リー・ルーカス（Henry Lee Lucas）は一九八三年に検挙されるまで、じつに一〇〇件以上の殺人を犯したと自供し、それらの犯罪について詳細に動機や行動を語りましたが、現在では、そのほとんどは虚偽の自白であったことがわかっています。彼は担当の警察官の歓心を買うために、また、世間から注目されるために嘘の供述をしていたのです。犯罪研究では、得られるデータが限られていることが多いため、データの信頼性の低さはそのまま予測力の低下につながってしまいます。

ところが、おそらく次の一五年においては、犯人やその行動について得られるデータは格段に多く、正確になることが予測されます。町のあちこちや室内には防犯カメラがあり、おそらく、近いうちにそれらはサイバー空間上で統合され、特定の人物の行動を長い期間に遡って正確に追跡できるようになるかもしれません。また、殺害や傷害、窃盗の犯行プロセス全体を捉えた動画も得られるようになるかもしれません〔すでに、代理によるミュンヒハウゼン症候群（第5章コラム参照）では病院内での虐待場面が収録されるケースが出てきています〕。スマートフォンの位置情報や利用履歴、通信内容も記録され、分析が可能になると思われます。つまり、犯罪者の行動についてのビッグデータが得られるようになるのです。次の一五年はこれらのビッグデータを使用した研究が行われるようになり、犯罪者の行動の予測や動機の推定に利用されるようになるでしょう。

この種の研究は確実に犯罪者の行動についての研究を進展させ、犯人検挙を容易にするでしょう。ただし、注意しなければならないのは、このようなデータの使用は超管理社会化と紙一重だということです。その行き着く先は、第4章で述べたような犯人の危険性推定技術をもちいて、まだ犯罪を犯していない人物の将来の犯罪を現在の行動から高精度で予測するということにつながる可能性もあるのです。そして、実際、理論的にはそれも可能になりつつあります。

これからの一五年、プロファイリング研究はより興味深いものになっていくでしょう。

しかし、それとともに悪用の危険性も増加していくのは確実です。われわれ研究者、捜査員、そして未来の研究者や捜査員にとって、なかなか難しい倫理的な問題に直面する時代になりそうな予感がします。

コラム　テクノロジーと犯罪捜査と『マイノリティ・リポート』

現代の犯罪捜査は、最先端テクノロジーを用いて行われるようになってきています。犯罪に関する手がかりは、かつては捜査員が足で稼いできたものですが、いまは捜査員がディスプレイの前で、防犯カメラの記録を分析したり、被疑者のノートパソコンにある消去されたファイルや通信記録を解析したりという形で集められるようになっています。

また本文でも述べたように、このようなテクノロジーは犯罪捜査のみならず、犯罪の予測にも用いられてきています。たとえば、アメリカ・テネシー州のメンフィス市が運用しているブルークラッシュ（Blue CRUSH）というシステムは、次に犯罪が起こりそうな場所を過去のデータをもとに推測するシステムであり、これによって事件が発生する前に警察官を付近に派遣することができ、犯罪の早期検挙や防犯に有効に活用されています（メンフィス市ではこのシステムを導入したところ、五年間で窃盗と暴力犯罪が二〇％以上減少したそうです）。ワシントン州タコマではプレドポル社がプレドポル（PredPol）と呼ばれる予測型犯罪防御システムを開発し、警察に提供したところ、二年間で住宅地での強盗事件が二二％減少したそうです。また、ニューヨーク市警でもコンプスタット（CompStat）というシステムを導入しており、日本でも同様のシステムが稼働しています。

フィリップ・K・ディックのSF短編小説が原作の映画『マイノリティ・リポート（Minority Report）』は、三人の予知能力者の脳を読み取ることによって、犯罪が起こる前に犯人を割り出して検挙し、犯罪を未然に防ぐという世界が描かれていました。トム・クルーズ演じる捜査員のジョン・アンダートンは、予知能力者の脳内のイメージから事件が起こる場所を特定することを仕事にしています。この映画では、犯罪を予測するのは予知能力者ですが、これを大量のデータとその分析に置き換えたものが未来の犯罪予測システムといえるでしょう。

アメリカのCBSの連続ドラマ『パーソン・オブ・インタレスト（Person of Interest）』では、まさにこのような、より現実的なシチュエーションを描いています。コンピュータの天才のハロルド・フィンチは国内外のあらゆる情報（そのほとんどが違法収集されたデータです）を分析し、テロリストを事前に発見するプログラムを発明します。このシステムはあらゆる犯罪を予測するのですが、テロ以外の犯罪についての情報は政府にとっては「雑音」で、興味はありません。しかし、雑音といえども犯罪には違いありません。そこでフィンチは、元CIAのジョン・リースとともにこのシステムが予測した事件を未然に防ごうとするのです。ただし、予測のアウトプットとして得られるのは単に関係者の社会保障番号だけで、その人物が犯人なのか被害者なのかはわかりません。ここがこのドラマの面白いポイントになっています。

SFということであれば、犯人や被害者の脳に入り込んで、事件を解明するといったタイプの映画は数多くつくられています。たとえば、『ザ・セル（The Cell）』は、被害者をどこかに拉致監禁したまま昏睡状態になった連続殺人犯人の脳に侵入し、被害者の居場所を突き止めようとする精神科医の活躍が描かれています。また、日本映画の『秘密 The Top Secret』では、被害者の脳に残った記憶を映像化して犯人を突き止めるストーリーが描かれています。脳からの情報のダイレクトな読み取りは現在では不可能ですが、考えていることを脳内活動パターンからある程度読み取ることや、脳イメージングを使って嘘を発見する技術は可能になっています。もしかしたら十数年後には、このような脳からの捜査が行われているかもしれません。

引用文献・参考文献

第1章

Hicks, S. J., & Sales, B. D. "*Criminal Profiling: Developing an Effective Science and Practice.*" American Psychological Association (2006).

Ressler, R. K., Burgess, A. W., & Douglas, J. E. "*Sexual Homicide. Patterns and Motives.*" Lexington Books (1988).

Rider, A. O. "The firesetter: A psychological profile. Part 1." *FBI Law Enforcement Bulletin*, **49**(**6**), 6-13 (1980).

Salfati, C. G., & Bateman, A. L. "Serial Homicide: An Investigation of Behavioural Consistency." *Journal of Investigative Psychology and Offender Profiling*, **2**, 121-144 (2005).

Vorpagel, R. "*Profiles in Murder: An FBI Legend Dissects Killers and Their Crimes.*" Plenum Press (1998).

第2章

Canter, D. V., Alison, L. J., & Wentink, N. "The organized/disorganized typology of serial murder -Myth or model?" *Psychology, Public Policy and Law*, **10**, 293-320（2004）.

Godwin, M. "*Hunting Serial Predators.*" Jones & Barlett（2008）.

越智啓太「連続殺人のプロファイリング研究の最近の動向」『東京家政大学研究紀要』（人文科学）**43**, 139-148（2003）

越智啓太「子どもに対する性犯罪に関する研究の現状と展開（1）」『法政大学文学部紀要』**54**, 107-117（2006）

越智啓太「子どもに対する性犯罪に関する研究の現状と展開（2）」『法政大学文学部紀要』**55**, 87-99（2007）

Salfati, G. G. "The Nature of expressiveness and instrumentality in homicide: implications for offender profiling." *Homicide Studies*, **4**, 265-293（2000）.

Salfati, G. G., & Canter, D. V. "Differentiating stranger murder: Profiling offender characteristics from behavioral styles." *Behavioral Sciences and the Law*, **17**, 391-406（1999）.

Santtila, P., Junkkila, J., & Sandnabba, N. K. "Behavioural Linking of Stranger Rapes." *Journal of Investigative Psychology and Offender Profiling*, **2**, 87-103（2005）.

横田賀英子「捜査心理学」『犯罪心理学』（越智啓太　編）朝倉書店（2007）

第3章

Barker, M. The criminal range of small-town burglars. In D. Canter & L. Alison（Eds.）, "*Profiling Property Crimes.*" Ashgate（2000）, 57-73.

Branca, P. "Geographic Profiling in Australia: An examination of the predictive potential of serial armed robberies in the Australian Environment." The Seventh Annual International Crime Mapping Research Conference March 31-April 3, 2004 at the Boston Park Plaza Hotel (2002).

Canter, D., & Larkin, P. "The enviromental range of serial rapist." *Journal of Environmental Psychology,* **13**, 63-69 (1993).

Cullen, R. M., Snook, B., Rideout, K., & Eastwood, J., & House, J. "Using local police data to inform investigative decision making: A study of commercial robbers' spatial decisions." *The Canadian Journal of Police and Security Services,* **4**, 193-204 (2006).

DePaulo, B. M., & Pfeifer, R. L. "On-the-job experience and skill at detection of deception." *Journal of Applied Social Psychology,* **16**, 249-267 (1986).

Ekman, P., & O'Sullivan, M. "Who can catch a liar?" *American Psychologist,* **46**, 913-920 (1991).

Farrington, D. P. & Lambert, S. Statistical approaches to offender profiling. In D. Canter & L. Alison (Eds.), "*Profiling Property Crimes.*" Ashgate (2000), 233-273.

Godwin, M. "*Tracker: Hunting Down Serial Killers.*" Thunder's Mouth Press (2005).

Godwin, M. & Canter, D. "Encounter and death. the spatial behavior of US serial killers." *Policing: An International Journal of Police Strategy and Management,* **20**, 24-38 (1997).

Goodwill, A. M. & Alison, L. J. "Sequential angulation, spatial dispersion and consistency of distance attack patterns from home in serial murder, rape, and burglary." *Psychology, Crime & Law,* **11**, 161-176 (2005).

Rossmo, D. K. "*Geographic Profiling.*" CRC press (2000)〔渡辺昭一ほか訳『地理的プロファイリング』北大路書房 (2002)〕

羽生和紀「連続放火の地理的プロファイリング」『犯罪心理学研究』**43**, 1-11（2006）

Meaney, R. "Commuters and Marauders: An examination of the spatial behaviour of serial criminals." *Journal of Investigative Psychology and Offender Profiling*, **1**, 121-137（2004）.

三本照美「地理的プロファイリング」『プロファイリングとは何か』（田村雅幸　監修）立花書房（2000）

三本照美・深田直樹「連続放火犯の居住地推定：地理的重心モデルを用いた地理プロファイリング」『科学警察研究所研究報告　防犯少年編』**40**, 23-36（1999）

Newton, M. B. "*Geographical discovery of the residence of an unknown dispersing localized serial murder.*" Louisiana State University（1988）.

越智啓太「記憶研究を応用して犯罪を捜査する」『記憶の心理学と現代社会』（太田信夫　編）有斐閣（2006）

Snook, B., Cullen R. M., Mokros, A. & Harbort, S. "Serial murderers' spatial decisions: Factors that influence crime location choice." *Journal of Investigative Psychology and Offender Profiling*, **2**, 147-164（2005）.

鈴木護「放火のプロファイリング：都市の連続放火事件を対象とした知見」『プロファイリングとは何か』（田村雅幸　監修）立花書房（2000）

Vrij, A. "*Detecting Lies and Deceit.*" John Wiley & Sons Ltd.（2000）.

Warren, J., Reboussin, R., Hazelwood, R. R., Cummings, A., Gibbs, N., & Trumbetta, S. "Crime scene and distance correlates of serial rape." *Journal of Quantitive Criminology*, **14**, 35-59（1998）.

第4章

Brewster, M. P. "Stalking by former intimates: Verbal threats and other predictors of physical violence." *Violence and victims*, **15**(**1**), 41-54 (2000).

Mullen, P. E., Pathe, M., Purcell, R., & Stuart, G. W. "A study of stalkers." *American Journal of Psychiatry*, **156**, 1244-1249 (1999).

Palarea, R. E., Zona, M. A., Lane, J. C. & Langhinrichsen-Rohling, J. "The dangerous nature of intimate relationship stalking: Threats, violence, and associated risk factors." *Behavioral Sciences & the Law*, **17**(**3**), 269-283 (1999).

Rosenfeld, B., & Harmon, R. "Factors associated with violence in stalking and obsessional harassment cases." *Criminal Justice and Behavior*, **29**, 671-691 (2002).

Rosenfeld, B. "Violence risk factors in stalking and obsessional harassment. A review and preliminary meta-analysis." *Criminal Justice and Behavior*, **31**, 9-36 (2004).

横田賀英子「人質立てこもり事件」『捜査心理学』（渡辺昭一　編）北大路書房（2004）

横田賀英子・渡辺昭一・渡邉和美「人質立てこもり事件の結末に影響する要因―状況要因が犯人の意志決定に与える影響について―」『犯罪心理学研究』**40**, 21-33（2002）

Yokota, K., Iwami, H., Watanabe, K., Fujita, G., & Watanabe, S. "High risk factors of hostage barricade incidents in Japanese sample." *Journal of Investigative Psychology and Offender Profiling*, **1**, 139-151 (2004).

第5章

Holmes, R. M., & Holmes, S. T. "*Mass Murder in the United States.*" Prentice Hall (2001).

越智啓太「アメリカの学校における銃乱射事件の分析」『東京家政大学臨床相談センター紀要』3, 19-28（2003）

文部科学省『学校への不審者侵入時の危機管理マニュアル』文部科学省（2003）

補章

Fox, B., & Farrington, D.P. "What have we learned from offender profiling? A systematic review and meta-analysis of 40 years of research." *Psychological Bulletin,* **144**(12), 1247-1274 (2018).

羽生和紀「地理的プロファイリング」『テキスト　司法・犯罪心理学』（越智啓太・桐生正幸　編）北大路書房（2017）

岩見広一「犯罪者プロファイリング前史からＦＢＩ手法まで」『テキスト　司法・犯罪心理学』（越智啓太・桐生正幸　編）北大路書房（2017）

あとがき

犯罪捜査の心理学は心理学の応用研究のなかで、現在もっともエキサイティングに発展している領域だと思われます。本書の内容を改めて見ていただけるとわかるのですが、紹介した研究のほとんどは、ここ数年間に行われたものです。この本を書き終えてから出版されるまで、出版されてから読者のみなさんがこの本を手に取るまでにも、興味深い研究は生み出され続けているはずです。

本書では、犯罪現場から犯人像を推定したり、犯人の居住地を推定したりするプロファイリングと呼ばれる領域の研究を中心にお話ししてきましたが、犯罪捜査の心理学の守備範囲はこの種の研究にとどまりません。

具体的には、人質立てこもり事件における説得手法に関する研究、人質救出のための突入のタイミングに関する研究、末梢神経系や中枢神経系の反応をもとにした嘘の見破りに関する研究（いわゆるポリグラフ検査）、子どもや高齢者の目撃者の証言の信頼性を査定する研究、効果的でえん罪を出さないための取り調べ手法の研究、コンピュータグラフィック技術を利用したモンタージュ写真の作成の研究、遺書や脅迫状が本物か否かを判断するための研究、脅迫状の文体などを利用したリンク分析、テロリストの行動の予測に関する研究など、紹介しきれなかった興味深い研究が数多く存在します。

犯罪捜査の心理学の研究に従事する研究者は日本ではまだまだ少ないのですが、科学警察研究所や各県警の科学捜査研究所を中心としたこの分野の日本の研究水準はかなり高く、とくに、プロファイリングの研究やポリグラフの研究では、世界のトップレベルにあります。また、警視庁犯罪捜査支援室や北海道警察特異犯罪情報分析係など心理学的手法などを用いながら捜査を支援するための部署も警察機関のなかにつくられています。

しかしながら、解決すべき問題はまだまだたくさん残されています。もし、みなさんが高校生や大学生（あるいは社会人でも）で、この分野に関心をもち、自分でも新たな知見を生み出そうと思うのなら、ぜひ、大学や大学院で学んでもらいたいと思います。複雑化巧妙化する犯罪に対して一緒に立ち向かっていきましょう。

本書の執筆には、多くの方の協力を得ました。化学同人の津留貴彰さんは執筆の機会を与えてくださっただけでなく、編集者の観点からさまざまなアドバイスをいただきました。科学警察研究所の横田賀英子主任研究官（現、研究室長）には、専門的な内容についていつもくわしく教えていただきました。度重なる私の質問に対していつも丁寧にお返事をいただき、たいへん勉強になりました。九州大学大学院博士課程の野畑友恵さん（現、獨協医科大学講師）には、原稿の内容面でのチェックや構成、語句のチェックなどでお世話になりました。科学警察研究所の渡邉和美研究室長（現、部付主任研究官）、佐賀県警科学捜査研究所の大上渉研究員（現、福岡大学教授）、千葉商科大学の相良陽一郎先生には、専門家の立場からの貴重な意見をいただきました。また、法政大学大学院博士課程の岩倉希さん、笠原洋子さん、修士課程の萩野谷俊平君（現、明治学院大学専任講師）には、初期の原稿についての有益なコメントをいただきました。この場を借りてお礼申し上げます。しかしもちろん、本書の記述に至らない点や誤りがあれば、それは私の責任です。

また、忘れてはならないのは、私の講義の受講生の方がたです。本書の内容は、平成一八年から一九年にかけて、法政大学文学部心理学科、学習院大学文学部心理学科、東京女子大学文理学部心理学科などで行った犯罪捜査の心理学の講義をもとにしていますが、受講生の方がたの質問やアンケートの回答、ときに寄せられる本当に「忌憚のない」意見は、研究のうえでも執筆のうえでもたいへん参考になりました。

最後になりましたが、研究活動や執筆活動をいつも側面からしっかりと支えてくれる家族に感謝をささげたいと思います。

二〇〇八年四月

越智　啓太

文庫版あとがき

本書をＤＯＪＩＮ選書で出版してから、はやいもので一四年近くになります。幸いにもプロファイリングという新しい捜査支援技術の入門書として、一般の方はもちろん、警察関係者や法曹関係者、それに推理小説、海外ドラマのファンなど、たくさんの方に手にしていただきました。

本書を執筆した時点では、プロファイリングについては研究も、また捜査実務における実践も、まだまだはじまったばかりでしたが、その後、多くの研究が行われるとともに、実際の捜査機関における社会的な実装も進みました。いまやプロファイリングは、世界の捜査機関の重要なツールのひとつになったといえるでしょう。もちろん、日本の警察においても、プロファイリングは重要な捜査支援ツールのひとつとなりました。おもに科学警察研究所や各県の科学捜査研究所で行われた研究は、質量ともに世界的な水準のものになってきています。

本書を読んで、犯罪心理学の科学性や面白さを知った高校生や大学生の中には、より専門的に勉強を進め、各県の科学捜査研究所に就職した人たちも少なくありません。私の研究室からも何人もの学生たちが科学捜査研究所に就職し、犯罪心理学の最先端の知識を利用しつつ、日夜、最前線で犯罪と戦っています。プロファイリング技術の発展と社会的実装の一端を担うことができたことをうれしく思っています。

この間、日本の犯罪発生率は大きく減少しました。いまや日本は、おそらく建国以来もっとも治安の良い状態になっているといえるでしょう。しかしながら、凶悪で信じられないような事件はなくなっていません。本書が出版されてからもいくつかの悲惨な事件が発生しています。

たとえば二〇一六年には、相模原の障害者施設で入所者一九人が殺害され、二六人が重軽傷を負うという大量殺傷事件が発生しました。この事件は、第5章で取り上げた「大量殺人」という犯行パターンに該当し、その犯人の行動や動機は本書の中で述べたようなものとほぼ一致していました。犯人は事前に事件の発生をほのめかし、入念に計画し、大量の武器を携行し、逮捕後は自らの意思で死刑を確定させている（これは一種の自殺です）点など、かなり典型的な大量殺人のパターンといえるでしょう。

また、二〇一四年には筧（かけい）千佐子による青酸化合物を用いた連続殺人事件が起きました。

この事件では、犯人の筧は保険金や遺産を目当てに夫を殺害した罪で検挙されましたが、彼女の周りでは、毎年のように夫や愛人が死亡しており、おそらく六人以上を殺害したのではないかと思われています（そのうち四人の殺人について起訴され、死刑判決が確定しています）。本書で述べられている連続殺人事件はもっぱら男性によるものでしたが、その後、女性による連続殺人事件の分類と特徴的な行動パターンについての研究も現れてきました。男性の連続殺人の動機が性的なものであることが多いのに対し、筧の手口は「黒い未亡人型（あるいは後妻業）」といわれるもので、経済的な動機によるものです。このタイプの連続殺人も、じつは相当昔から存在した典型的なパターンの事件でした。

さらに二〇一七年には、座間の九人殺害事件（首吊り士事件）が発生しました。この事件の犯人は、ＳＮＳで知り合い、呼び出した女子高生、女子大生など九人を殺害し、バラバラにしていました。この事件でも犯人は、弁護人が行った控訴を自ら取り消し、死刑を確定させています。

これらの犯人の行動や性格、手口などはじつは、本書で述べてきたようなプロファイリング研究から十分予測可能なものでした。しかし残念ながら、これらの事件の捜査や検挙にはプロファイリングの知識は十分生かされていません。なぜなら、相模原の大量殺人事件に関しては、犯人は前兆行動をとっていたのに、そこから将来の犯行の発生を十分に予測できなかったからです。また、筧事件と座間の事件に関しては、そもそも事件自体が最後の犠牲者が出るまで発覚しなかったのです。

日本は十分に平和になっていると思われますが、犯行をほのめかしていても、そこから犯罪可能性を推測し、実行を阻止することはできず、また、誰にもばれないまま、六人や九人殺害することが可能な現状であるのは、残念ながら確かなようです。

このような悲惨な事件を二度と起こさないために、プロファイリングについてさらに研究を進めるとともに、何らかの形で犯罪を早期発見したり、犯罪の生起を防止するような方策を開発することも必要でしょう。ただしそのためには、われわれは多くのプライバシーを失ってしまう可能性があります。このバランスをとっていくのはなかなか難しい問題といえるのではないでしょうか。今後、社会を担っていく若い人たちにぜひ、このあたりの問題について深く考えていってもらいたいと思います。

さて、文庫版の刊行、新しい章の追加に関しても、やはり化学同人の津留貴彰さんに執筆の機会をいただいただけでなく、さまざまなアドバイスもいただきました。この場を借りてお礼を申し上げたいと思います。

令和三年七月二八日

越智　啓太

本書は、二〇〇八年五月に刊行された『犯罪捜査の心理学
――プロファイリングで犯人に迫る』（ＤＯＪＩＮ選書）
を加筆・修正し文庫化したものです。

越智啓太　おち・けいた
1965年、横浜市生まれ。92年、学習院大学大学院人文科学研究科心理学専攻博士前期課程修了。警視庁科学捜査研究所、東京家政大学文学部を経て、現在、法政大学文学部心理学科教授。臨床心理士。専門は犯罪捜査への心理学の応用。
著書に、『つくられる偽りの記憶』、『ケースで学ぶ犯罪心理学』、『司法犯罪心理学』、『美人の正体』など、編著書に『犯罪心理学』、『テキスト　司法・犯罪心理学』などがある。

犯罪捜査の心理学
プロファイリングで犯人に迫る

2021年9月30日第1刷発行

著者　越智啓太
発行者　曽根良介
発行所　株式会社化学同人
600-8074　京都市下京区仏光寺通柳馬場西入ル
電話　075-352-3373(営業部)／075-352-3711(編集部)
振替　01010-7-5702
https://www.kagakudojin.co.jp　webmaster@kagakudojin.co.jp
装幀　BAUMDORF・木村由久
印刷・製本　創栄図書印刷株式会社

ISBN978-4-7598-2504-6